S t r a t e g y | P r o d u c t | P r o c e s s | H u m a n

신홍철 | 이주원 | 강대준

2판

전략적 의사결정을 위한 회계정보 창출 활용 입문서

新 관리회계 해답집

經文社

차례

Management Accounting

관리회계와 전략의 만남 01

단답식 개념문제

01. 조직경영에서 가장 중요시되는 두 가지 기준은 조직이 설정한 목적 또는 목표 달성 정도를 의미하는 **효과성**과 투입산출 간의 상대 비율을 의미하는 **효율성**이다. 후자의 대표적인 측정치로는 자동차 연비를 의미하는 gas **마일리지(mileage)**가 꼽힌다.
02. 관리회계정보의 두 가지 핵심측면을 요약하는 다음 빈칸에 들어갈 적절한 단어는? 의사결정 **지원(decision-facilitating)**측면 + 의사결정에의 **영향(또는 유인: 즉, 영어의 decision-influencing)**측면이다.
03. 교재에서 소개한 상식의 정의(*To know something about everything and everything about something!*)에서 *something about everything*은 21세기 재무비전의 실천을 위한 (원가계산 및 관리 분야의 전문가로서의) 관리회계담당자의 역할 중 **제너럴**리스트로서의 역할을 그리고 *everything about something*은 **스페셜**리스트로서의 역할을 강조하는 것이다.

[문 1] ① 고객관점의 강조, ② 제조환경의 변화, ③ 정보기술의 발달, ④ 가치사슬관점의 강조, ⑤ 글로벌화의 심화에 따른 거래의 복잡성

[문 2] ① 핵심성공요인(원가, 시간, 품질, 혁신), ② 총체적 가치사슬, ③ 지속적 개선, ④ 외부적·내부적 관점의 균형

[문 3] 주의환기기능, 문제해결기능

[문 4] 타당성(propriety)은 조직이 설정한 목표가 타당한 것인지를 나타내는 것이고, 효과성(effectiveness)은 목적달성의 정도를 그리고 효율성(efficiency)은 투입에 대한 산출의 상대적인 비율로 투입을 얼마나 효율적으로 활용하였는가를 나타내는 것이다.

[문 5] ① 보고서의 주이용자 : 재무회계에서는 외부이용자(주주, 채권자)이고 관리회계에서는 조직 내부구성원(경영자 및 관리자)임.

② 보고서의 빈도 : 재무회계 보고서는 년 또는 반기 단위로 이루어지고, 관리회계는 다양한 보고서형태로 월 또는 주 단위로 때로는 하루에도 여러 차례 이루어짐.

③ 보고서의 목적 : 재무회계는 주주나 채권자 그리고 노조나 일반대중 등 기업외부의 이해관계자를 대상으로 한 기업경영성과 및 재무상태에 관한 외부보고가 목적이고, 관리회계는 관리자를 위한 정보제공이 주목적이다.

[문6] 기업외부의 일반이용자를 위해 GAAP에 따라 일반목적의 보고서를 작성하는 것을 다루는 재무회계는 신뢰성 및 객관성을 강조한다. 그러나 다양한 의사결정을 지원하는 관리회계는 특정목적을 위해서는 유용하다고 판단되는 정보는 틀에 얽매임이 없이 다양한 보고서를 통해 이용된다. 요컨대 관리회계는 미래 목적에 부합되고 현재 직면한 의사결정과의 관련성이 강조된다.

[문7] ① 전사적 관점의 강조, ② 장기적 관점의 강조, ③ 전략적 포지셔닝 강조

[문8]

구 분	재무회계	관리회계
1 정보이용자	외부이용자(주주, 채권자)	조직 내부구성원 (경영자 및 관리자)
2. 보고서의 구체성 및 형식	일반목적보고서(재무제표) 정형화된 형식이용	특수목적보고서(경영보고서 등) 임의적이며 천차만별임
3. 시간적 관점	과거지향적	미래지향적
4. 법적 강제성	법에 의해 강요된 외부보고기준에 따라야 함	전혀 강제성이 없음
5. 외부준거기준	객관적 자료	따라야 할 기준은 없음 주관적 자료도 허용됨
6. 강조사항	재무적 자료중심	비재무적 자료도 강조함

[문9] 원가우위전략의 경우에는 기업이 취급하는 제품별 고객별 수익성 분석을 가능하게 하는 원가정보의 제공을 통해 제품라인의 추가 및 폐지의 타당성분석을 지원하거나 비부가가치적 활동에 소요되는 원가정보의 제공을 통해 프로세스 혁신 또는 개선을 통한 원가절감이 가능하게 지원한다.

[문10] 핵심성공요인(CSF : critical success factor 또는 주요성공요인)이란 기업의 지속적 경쟁우위를 정의하고 이를 달성하는 수단을 말한다. 가령, 우수한 품질이나 출시기간의 단축과 같은 스피드가 대표적인 예이다. 핵심성공요인이 무엇인가를 파악하고 이를 적절히 관리하는 것은 고객 및 시장 그리고 경쟁업체를 이해함을 근간으로 하는 전략경영의 핵심이다. 이들 핵심성공요인간의 상충관계를 제대로 이해하는 가운데 원가관리가 이루어져야 전략적 일체화가 가능하다. 제12장에서 소개하는 모래탑 원가절감 모델은 이를 잘 요약한다.

[문11] 가치사슬관점에 따라 다양한 전략적 활동을 식별하고 연계함을 목적으로 행하는 원가분석을 하는 것을 의미한다.

[문A1] 경영통제시스템의 핵심요소는 6가지로 분류할 수 있다. ① 상사, ② 부하, ③ 부하들이 수행하는 운영활동, ④ 이들 활동여건을 의미하는 외부환경, ⑤ 양자의 결합물인 성과 그리고 ⑥ 미래의 성과개선을 위한 사후정보를 전달하는 피드백이다.

[문A2] 경영통제시스템은 조직구성원인 인간의 행위를 조정해야 하며 이들의 행위변경은 자동온도조절장치처럼 자동적으로 이루어지지 않는다는 점에서 차이를 보인다.

객관식

[문1] ① 목표의 수립은 피드백의 6가지 용도에 해당되지 않는다.

[문2] ③ 원가최소화나 이익극대화는 경영의 목적 또는 전략에 해당한다.

[문3] ①

[문4] ③ 삼성전자의 경우는 종전보다 나은 성과를 추구하는 지속적 개선 사례이고, HP는 출시기간 단축이라는 핵심성공요인 관리 차원에서 구성원의 팀워크를 장려하기 위해 BET(손익분기시간, 제13장 참조)를 측정하여 보상과 연계하고 있다.

[문5] ④ H자동차 사례는 의사결정방법의 변경보다는 예측방법의 변경에 해당한다.

주관식

[문1] 품질인증과 가치사슬

1. 초반에는 납품업체의 ISO9000 인증획득 여부의 심사에 따른 추가적 품질관리비용(일종의 평가비용)이 늘어나게 된다. 그러나 협력업체들이 납품하는 부품의 질이 높아져 궁극적으로는 입고시의 검사비용 및 재작업 등의 품질원가(실패비용)의 감소가 기대된다.
2. H자동차사의 정책은 처음에는 납품업체에게 부담이 되지만 자신들의 관리시스템이 개선되고 품질향상에 따른 모기업(H자동차)의 경쟁력 제고로 인한 주문의 증가는 양자에게 득이 될 것이다. 또한 H자동차의 제품을 판매하는 기업들의 원가부담도 줄어들고 품질수준의 향상에 따른 판매증가 및 소비자의 사용에 따른 원가절감 또한 예상된다.

[문2] 전략적 자리매김(strategic positioning)

1. 유사제품의 생산업체가 많음과 저원가로 생산하기를 희망하는 점을 감안할 때 원가우위전략에 해당한다고 볼 수 있다. 고품질의 제품을 생산하여야 하는 것은 현

행 경영여건상 누구에게나 적용되는 조건이라고 할 수 있다.

2. (1) 재무적 관점 : 현금흐름, ROI 또는 EVA
   (2) 고객 관점 : 반품률, 고객유지율(또는 신규고객 유치건수 및 기존 고객 이탈 건수 등), 종업원 만족도
   <이유> 고품질의 상자공급과 내부종업원의 만족이 관건인 상황임.
   (3) 프로세스 관점 : 적시납품률, 단위 시간당 생산량
   <이유> 원가절감을 위한 생산성 향상과 적시배달이 중요시됨.
   (4) 학습 및 성장 관점 : 개선안 제안 건수 또는 제안 증가율
   (이에 관한 보다 자세한 내용은 제10장에서 다룰 것임. 현 시점에서는 관리회계가 다양한 재무 및 비재무 측정치를 활용한다는 것을 확인하는 수준에서 충분함.)

[문3] 핵심성공요인(CSF)과 성과평가 : 카푸치노 익스프레스 사례

1. 조직도

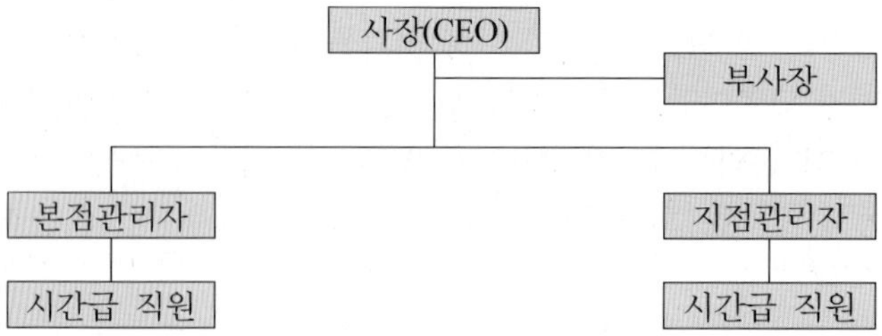

2. 핵심성공요인 : 위치, 가격, 커피원두의 원가, 경쟁의 정도, 임차료, 설비원가, 서비스 커패서티, 임금 등 여러 가지 요인들이 가능한 답이 될 수 있다. 이 요인들 가운데 김경구의 통제하에 있는 요인들(즉, 위치, 가격 등)과 통제하에서 벗어난 요인들(경쟁정도, 커피원두의 원가 등)을 구분하는 것도 의미가 있다. 최고책임자인 김경구 사장은 외부의 위협과 기회를 감시하고 이들 요인을 통제가능한 요인들과 연계시키는 노력이 필요하다.
3. 사장의 주직무 : 사장이 통제력을 행사할 수 있는 사항이다. 가령
   1) 사업의 지속성 평가(사업이 충분한 수익성을 갖는가?)
   2) 지점의 수익성 평가
   3) 새로운 지점이나 현지점의 확장여부 평가
   4) 고객에게 제공하는 제품변경에 대한 평가
   5) 가격결정
   6) 판매촉진의 유형과 소요금액의 결정
   7) 직원효율성의 평가
   8) 서비스와 제품의 품질유지

   사장이 모든 사항을 결정할 것인가 아니면 몇몇 사항(예, 종업원 감독 또는 품

질관리)은 지점관리자에 위임할 것인가를 고려하면 지점관리자에 대한 동기부여나 감시 등이 위 사항에 추가될 수 있을 것이다.

4. 주요 운영비용 : 부사장의 급료, 각 지점 임차료·비즈니스 라이센스대가·보험료·임금, 판매촉진/광고료, 각 지점의 기계·설비원가, 커피원두의 원가, 수도공과금 등이다. 또한 제안받은 부기직 직원으로 근무했을 경우 지급받았을 급여 20,000달러도 기회비용으로서 운영비용에 포함되어야 한다.
5. 지점관리자의 바람직한 성과측정치 : 우선적으로 떠오르는 것은 지점의 수익성이다. 이 때 지점과 지점관리자의 성과간의 차이점을 구별하는 것이 바람직하다. 지점의 수익성은 지점관리자가 통제할 수 있는 요인(예, 서비스 수행속도)과 그렇지 않은 요인(예, 지점위치) 모두에 의해 영향을 받기 때문이다. 한편, 지점의 수익성은 기본적으로 지점관리자의 행동과 의사결정에 의해 영향을 받게 된다. 지점의 수익성 말고도 고려해야 할 사항으로는 종업원 이직률, 서비스 및 제품품질, 고객만족 등이 있을 수 있다. 예를 들어, 잦은 이직으로 인해 고용비용이 늘고 서비스가 저하되어 고객만족수준이 낮아짐으로써 장래의 매출에 좋지 않은 영향을 끼칠 수도 있다.

   여기에서 주목해야 할 사항은 2가지로서 그 하나는 회계자료가 기업운영상태를 반영하는 수치와 시간적으로 괴리가 있다는 것이고, 다른 하나는 효과적인 경영에 필요한 정보 중의 일부만을 제공한다는 것이다.
6. 이익이다. [이익=총수익−총비용]으로 계산된다. 각 지점이 서로 독립적으로 운영되기 때문에 각 지점의 수익을 정확히 측정하기란 어려운 점이 많다. 따라서 비용(원가)에 초점을 맞추어서 개별 지점에 추적할 수 있는 직접원가항목과 간접원가항목을 구별하는 것이 중요하다. 예를 들어 임차료, 커피원두 원가, 종업원급료는 각 지점에 직접 추적이 가능한 항목이다. 또한 지역신문에 지점 홍보용 광고를 냈다면 광고료는 그 지점의 직접원가가 된다.
7. 전년과 마찬가지로 총수익금액의 17.8%의 이익이 적절한 금액인지는 의문이다. 여기서는 고정비와 변동비로 구분하여 비용의 발생행태를 이해하여야 한다. 이는 본서에서 설명할 전부원가계산과 변동원가계산과도 연계된다.

Management Accounting

원가회계의 세상 다녀오기 02

단답식 개념문제

01. 원가는 원가요소에 따라 **재료비**, **노무비**, **경비**로 분류된다.
02. 원가는 행태에 따라 **변동**원가와 **고정**원가로 분류된다.
03. 원가는 추적가능성에 따라 **직접**원가와 **간접**원가로 분류된다.
04. 원가는 의사결정 관련성에 따라 **관련**원가와 **비관련**원가로 분류된다.
05. 원가는 통제가능성에 따라 **통제가능**원가와 **통제불능**원가로 분류된다.
06. 일정기간 동안의 제조활동과 관련된 원재료 및 재공품계정의 변화를 포함하여 당기 제품제조원가의 계산내역을 요약한 표를 **제조원가명세서**라고 칭한다.
07. 과거의 원가자료 중에서 최고조업도와 최저조업도의 두 가지 값을 이용하여 원가함수를 추정하는 방법을 **고저점법**이라 한다.

[문1] 원가동인이란 총원가의 변화를 초래하는 요인 또는 요소를 말한다. 가장 대표적인 원가동인은 조업도동인이다. 구체적으로 생산량, 판매량 등이 사례이다.

[문2] 원가대상이란 경영자가 파악하고자 하는 원가집계의 목적물을 말한다. 원가대상의 대표적인 예로는 제품, 고객, 서비스, 프로젝트, 상표, 활동, 부문, 프로그램 등이 있다.

[문3] 원가와 조업도 간의 일정한 관계가 유지되는 조업도의 범위로서 변동원가와 고정원가의 구분이 타당한 조업도의 구간이다. 관련범위의 대표적인 사례로 새로운 연봉계약전 급여를 들 수 있다. 1년을 관련범위로 가정할 경우 관련범위 안에서 급여는 조업도에 따라 변동이 되지 않으므로 고정원가로 볼 수 있는 것이다.

[문4] 원가가 발생 즉시 비용으로 처리되는 원가는 수익과의 대응관계를 강조하여 기간비용이라고 하고, 원가발생시 일단 제조원가로 파악되었다가 후일 비용으로 처리되는 원가를 제품원가라고 한다.

[문5] 간접노무비(가령, 공장엔지니어 급여), 간접재료비, 감가상각비, 동력비 등

[문6] ① 산업공학적 방법 : 학습효과의 파악이 중요시되는 신제품생산 또는 생산공정상의 변화가 예상되는 경우의 원가추정에 유용하다. 단순히 과거자료를 이용하는

대신 현행작업에 대한 측정결과를 이용하기 때문에 타방법에 비해 정확도가 높지만 시간과 비용이 많이 소요된다.

② 계정분석법 : 이 방법은 실무에서 손쉽게 사용할 수 있으나, 원가회계담당자의 주관적인 판단에 크게 의존한다는 단점을 갖는다.

③ 산포도법 : 이 방법은 매우 주관적이며 비과학적이다.

④ 고저점법 : 대표점으로 활용되는 고저점이 모집단을 대표하지 못할 경우 분석결과가 비현실적일 수 있다는 단점을 갖는다. 그러나 상당한 시간과 노력이 필요한 계정분석법보다 객관적이며 자료가 제한적일 경우에도 적용할 수 있다는 장점을 갖는다.

⑤ 회귀분석법 : 이론적으로 가장 우수한 방법이며 대표적인 통계기법이고 원가함수 예측상 이용가능한 모든 자료를 활용한다는 점에서 매우 유용한 예측치를 제공한다. 그러나 이 방법이 제대로 이용되기 위해서는 통계적 지식은 물론 기업의 운영활동에 관한 지식이 뒷받침되어야 한다.

[문7] 개별원가계산은 특정고객으로부터 개별적으로 주문받은 작업이행에 소요되는 모든 원가를 집계하는 원가계산방식을 의미한다. 대표적인 적용산업은 영화제작, 항공기제작, 건설업, 조선업 등을 꼽을 수 있다.

[문8] 동종 유사제품을 대량으로 반복생산한다. 정유업, 화학업, 제지업, 신발제조업, 제분업 등이 종합원가계산을 사용한다.

[문9] 완성품환산량이란 특정공정에서 일정기간 동안 투입된 총원가가 전부 완성품만을 생산하는 데 사용되었더라면 완성되었을 완성품수량을 말한다. 이 수치는 일정기간 동안 특정공정에서 수행된 작업량을 측정하기 위해서 필요하다.

[문10] ① 단위수준원가, ② 배치수준원가, ③ 제품지원원가, ④ 시설지원원가

객관식

[문1] ③ 원가동인은 원가대상에 따라 매우 다양하다.

[문2] ③ 의사결정 관련성에 따라 관련원가와 매몰원가, 회피가능원가와 회피불능원가, 기회원가 등으로 분류한다.

[문3] ④ 개별원가계산은 생산형태에 따른 원가계산방법이고, 변동원가계산은 원가의 범위에 따른 원가계산방법이므로 두 원가계산방법은 양립가능한 방법이다.

[문4] ① 공장 자동화 등으로 간접비의 증가로 인해 원가왜곡이 발생하기 때문에 ABC 도입의 필요성이 대두되었다.

[문5] ①

[문6] ③

[문7] ③

[문8] ③

[문9] ③

① 가공비와 기초원가의 합에서 당기발생제조원가를 차감한 수치가 직접노무비이다.

② 누적평균학습모형의 경우 160시간, 증분학습모형의 경우 180시간이다.

④ 고정원가의 비율이 클수록 영업레버리지도가 증가하여 매출액의 변화율에 비하여 영업이익의 비율이 커지므로 이익의 안정성은 낮아지게 된다.

[문10] ②

[문11] ②, ③

[문12] ③

제조부문에만 발생 : (가) 외주가공비, (라) 간접노무비, (바) 공장전기료
판매관리부문에만 발생 : (사) 이자비용, (아) 본사종업원 급료, (자) 대손상각비
제조부문과 판매관리부문 동시 발생 가능 : (나) 수도광열비, (다) 보험료, (마) 감가상각비

주관식

[문1] 원가분류

① 재고가능원가(제조원가) = 직접재료비 + 직접노무비 + 제조간접비
= ₩150,000 + 400,000 + (200,000 ; FOH + 150,000 ; VOH)
= ₩900,000

② 주요원가(기초원가) = 직접재료비 + 직접노무비
= ₩150,000 + 400,000 = ₩550,000

③ 당기총제조원가 = 직접재료비 + 직접노무비 + 제조간접비
= ₩150,000 + 400,000 + (200,000 ; FOH + 150,000 ; VOH)
= ₩900,000

④ 총변동비 = 직접재료비 + 직접노무비 + 변동제조간접비 + 소모품비 + 판매수수료
= ₩150,000 + 400,000 + 150,000 + 20,000 + 80,000 = ₩800,000

⑤ 가공비 = 직접노무비 + 제조간접비
= ₩400,000 + (200,000 ; FOH + 150,000 ; VOH)
= ₩750,000

⑥ 변동제조원가 = 직접재료비 + 직접노무비 + 변동제조간접비
= ₩150,000 + 400,000 + 150,000 = ₩700,000

⑦ 제품원가(제조원가) = 직접재료비 + 직접노무비 + 제조간접비
= ₩150,000 + 400,000 + (200,000 + 150,000) = ₩900,000

[문2] 제품매출원가의 산출

1단계 : 재료비 = 기초원재료재고액 + 당기원재료매입액 − 기말원재료재고액

= 2,000,000 + 6,000,000 − 1,000,000 = 7,000,000

2단계 : 당기총제조원가 = 7,000,000 + 3,700,000 + 1,800,000 = 12,500,000

3단계 : 당기제품제조원가 = 기초재공품 + 당기총제조원가 − 기말재공품

= 500,000 + 12,500,000 − 600,000 = 12,400,000

4단계 : 제품매출원가 = 기초제품 + 당기제품제조원가 − 기말제품

= 3,000,000 + 12,400,000 − 5,000,000 = 10,400,000

[문3] 원가추정 및 제조간접비 배부

고저점법을 이용하여 추정식 산출

(₩32,500 − ₩23,500)/(2,500시간 − 1,500시간) = 9 (단위당 변동제조간접비)

23,500 = a + 9×1,500

a = 10,000 (고정제조간접비)

OH = a + bx

= 10,000 + 9x (x : 직접노동시간)

2019년 예정제조간접비 발생액 = 10,000 + 9 × 2,000시간 = ₩28,000

제조간접비 예정배부율은 $\frac{28,000}{2,000}$ = 14/직접노동시간

따라서 2,200시간에서의 예정배부액 = 14 × 2,200 = 30,800

[문4] 원가추정 및 제조간접비 배부

1) 학습효과를 반영한 직접노무원가 추정

누적생산량	단위당 누적평균원가	총누적원가
1 (2018년)	10	10
2	9	18
4 (2019년)	8.1	32.4
8 (2020년)	7.29	58.32

누적생산량 4개의 총누적원가 = (10 × 학습률) × 학습률 × 4 = 10 + 22.4

누적생산량 4개의 단위당 누적평균원가 = 10 × 학습률^2 = 32.4 ÷ 4 = 8.1

직접노무원가는 90%의 학습률이 적용된다.

따라서 2020년 예상 직접노무원가는 (58.32 − 32.4) = 25.92

2) 2020년 예상영업이익

제조간접원가 추정식(고저점법)

(50 − 20) ÷ (3 − 1) = 15

$20 = a + 15 \times 1 \qquad a = 5$

$y = 5 + 15x$

$65 = 5 + 15 \times 4$

	2020년 (만원)
매출액	400
직접재료원가	160
직접노무원가	25.92
제조간접원가	65
판매관리비	15
영업이익	**134.08**

[문5] 개별원가계산

(1) 제조간접원가 = 10,000,000 × 25% = 2,500,000

(2) 직접노무원가 = 2,500,000 × 2 = 5,000,000

(3) 직접재료원가 = 10,000,000 − 5,000,000 − 2,500,000 = 2,500,000

[문6] 종합원가계산(평균법)

제조원가보고서(평균법)

	[1단계] 물량의 흐름	[2단계] 완성품환산량 재료비	가공비	
기초재공품(40%)	2,000			
당기착수	10,000			
	12,000			
당기완성	9,000	9,000	9,000	
기말재공품(60%)	3,000	3,000	1,800	
	12,000	12,000	10,800	
[3단계] 총원가의 요약				
기초재공품원가		₩8,000	₩3,200	₩11,200
당기발생원가		52,000	40,000	92,000
		₩60,000	₩43,200	₩103,200
[4단계] 환산량 단위당 원가				
완성품환산량		÷12,000	÷10,800	
환산량 단위당 원가		₩5	₩4	
[5단계] 원가의 배분				
완성품원가		9,000×₩5 + 9,000×₩4 =		₩81,000
기말재공품원가		3,000×₩5 + 1,800×₩4 =		22,200
				₩103,200

[문7] ABC원가계산

- 생산준비활동원가 : 30,000 / 1,000 × 28시간 = 840원
- 재료처리활동원가 : 45,000 / 1,000 × 42회 = 1,890원
- 기계사용활동원가 : 1,500,000 / 15,000원 × 2,840시간 = 284,000원
- 품질관리활동원가 : 100,000 / 12,500 × 48회 = 384원

총원가 = 기초원가 + 제조간접비 = 332,886 + 287,114원 = 620,000원

Management Accounting

원가 · 조업도 · 이익(CVP)분석 03

단답식 개념문제

01. 예상매출액이 손익분기점을 초과하는 정도를 측정하는 것을 **안전한계**라고 부르며 만약 예상매출액 대비 비율로 계산하면 **안전한계**율이라고 부른다.
02. **영업레버리지**는 현재 기업의 영업활동에 사용되고 있는 고정비의 상대적인 크기를 감안하여 고정비의 존재로 인한 조업도(가령, 매출)의 변동이 이익 또는 손실의 확대를 가져오는 현상을 측정한다.
03. 현금유입액과 현금유출액이 일치되면 조업도 수준, 즉 판매량 또는 매출액을 **현금분기점**이라고 한다.
04. 매출총이익은 원가의 **기능**별 분류를 강조하고 공헌이익은 **행태**별 분류를 강조한다.

[문1] 공헌이익접근법에 있어서 손익분기점은 변동비뿐만 아니라 고정비의 증감에 의해서도 큰 영향을 받는다. 즉, 원가구조(변동비와 고정비의 적절한 조합)에 따라 기업의 최종성과 및 운영상의 제약은 크게 달라짐을 잘 알고 있는 공헌이익접근법의 주창자들은 고정비의 중요성을 어느 누구보다도 인식하고 있을 뿐만 아니라 이것이 제반 의사결정에 결정적임을 강조한다. 다만 분석모델에서는 이들이 정해져 있다고 가정할 뿐이다.

[문2] 동의한다. 왜냐하면 공헌이익률이 높다는 것은 단위 배출당 이익창출에 기여할 비율이 높다는 것이고 손익분기점을 낮출 뿐만 아니라 추가 매출시 이익 증가가 높기 때문이다.

[문3] 동의한다. 영업레버리지 공식이 총공헌이익을 영업이익으로 나눈 것인바 분모 수치가 적을수록 수치가 커진다. 따라서 손익분기점 근처에 있을 때가 가장 최대의 수치를 보인다.

[문4] 그렇다. 일반적인 도표에 비해 수익과 비용을 일일이 표시하지 않고 조업도와 이익간의 관계에만 초점을 맞춤으로써 시각적으로 훨씬 도움을 준다. 참고로 CVP 도표의 총수익선과 총원가선의 기울기는 각각 판매가격과 단위당 변동비를 의미하지만 PV도표의 이익선의 기울기는 단위당 공헌이익 또는 공헌이익률을 나타낸

다. 또한 CVP도표에서는 총수익선과 총변동비의 수직적인 차이가 총공헌이익이지만 PV도표에서는 총이익에 고정비 수치를 합쳐야만(즉, 그래프에서는 총이익수치에서 고정비의 평행선까지의 길이로) 파악된다.

[문5] 법인세는 기본적인 모형의 손익분기점에는 영향을 주지 않는다. 이는 손익분기점 판매량에서 이익이 발생하지 않으므로 법인세가 부과되지 않기 때문이다. 그러나 법인세는 세후이익에 영향을 줌으로써 목표이익달성에 필요한 조업도수준을 '(고정비+목표이익)/단위당 공헌이익'의 매출조업도에서 '{고정비+목표이익/(1-세율)}/단위당 공헌이익'의 매출조업도로 변하게, 즉 증가시키게 한다.

[문6] 소매상에 있어서도 변동판매비 및 변동일반관리비는 공헌이익 계산시 차감된다. 그러나 매출총이익 계산시에는 차감되지 않는다. 이들은 영업이익을 구할 때 매출총이익에서 차감된다. 따라서 양자가 같은 것은 아니다.

[문7] 동의한다. 매출총이익은 매출액에서 매출원가(고정 및 변동 제조원가의 합)를 차감한 수치이고 공헌이익은 메출액에서 변동원가(제조 및 판매와 관리사의 변동비 합계)를 차감한 수치이기 때문이다. 따라서 동일한 매출액에서 차감되는 두 수치가 우연히 일치하는 경우에는 변동판매비 및 관리비가 고정제조원가와 일치하는 경우이다.

[문8] 회계담당자는 단위당 변동원가와 단위당 판매가격이 조업도수준이나 판매수량에 관계없이 항상 일정하다고 가정하는 반면에 경제학자들은 현실적으로 가정을 달리하여 생산량에 따라 단위당 변동비는 일정수준까지는 체감하며 판매량을 어느 정도 늘리기 위해서는 가격인하가 불가피하다고 가정한다.

[문9] 아니다. 오히려 기업의 전략에 따라 고정비의 발생규모 및 패턴은 크게 차이를 보이기 때문에 고정비에 대한 관리의 중요성은 매우 높다. 다만 단기 이익계획상 편의상 고정비가 일정하다고 가정하고 분석을 할 뿐이다.

[문10] 투입변수의 실제수치가 당초 예상수치에서 벗어날 수 있다는 가능성을 고려할 때 단일 최선의 예측치에 기초한 CVP분석을 보완하기 위한 것이다.

[문11] ① 가중평균법 : 사전에 정해진 제품믹스를 토대로 가중평균 단위당 공헌이익을 구한 후 이 수치를 이용하여 마치 단일제품인 경우처럼 손익분기점이나 목표이익달성조업도를 구한다.

② 꾸러미법 : 가중평균법에서 구한 수치가 현실적인 의미를 갖지 못한다는 인식하에서 비롯된 것이다. 먼저 꾸러미 단위당 공헌이익을 계산한 후 총고정비를 이 수치로 나누어 손익분기점을 위한 꾸러미 단위당 판매수량을 계산한다. 이후 꾸러미에 포함될 제품별 수량을 곱하여 제품별 손익분기점 판매량을 구한다.

유의할 점은 최종적으로 구한 수치가 의미하는 바를 제대로 이해해서 각각의 제품 수량을 구하는 것이다. 즉, 가중평균법은 총수량 수치를 구하게 되는 바 이 수치에 믹스 비율을 곱해서 개별 제품 수량을 구하는 반면에 꾸러미법에서는 총꾸러미수가 구해지는 바 이 수치에 꾸러미에 담긴 개별 제품 수를 곱해서 구한다는 점이다.

[문12] ① 모든 원가는 고정원가와 변동원가로 분류된다.
② 총원가는 선형으로 표시될 수 있다. 즉, 단위당 변동비는 일정하다.
③ 고정원가는 관련범위내에서 변하지 않는다.
④ 판매가격은 매출조업도가 증가하더라도 변하지 않는다.
⑤ 제품의 종류는 오직 하나이거나 복수제품인 경우는 매출배합비율이 일정하다.
⑥ 기말재고는 항상 일정하다. 즉, 생산량과 판매량은 같다.
⑦ 조업도만이 원가에 영향을 미치는 유일한 요소이다.
⑧ 분석기산은 화폐의 시간가치가 중요하지 않을 정도로 단기간이다.
⑨ 모든 기본적인 관계는 관련범위내에서만 가능하다.

[문13] 다른 일반고정비와 마찬가지로 회수되어야 할 고정비에 포함된다.

[문14] 두 분석에서는 차이를 보인다. ABC 손익분기점은 전통적 손익분기점에 비해 다음 두 가지 점에서 차이를 보인다. 첫째, 고정비로 간주되는 원가가 줄어든다. 즉, 기존의 비단위 원가동인으로서 고정비로 간주되던 몇몇 원가는 활동수준 변화에 따라 변화하는 변동비로 간주된다. 둘째, ABC 손익분기점 방정식의 분자에는 두 개의 비단위 수준 변동비가 별도로 추가된다. 즉, 배치관련활동과 지속적인 제품활동에 관련된 원가가 그것이다.

[문15] ① 판매수량 : 단위당 공헌이익, ② 매출액 : 공헌이익률

객관식

[문1] ③ 손익분기점 공식(F ÷ CM 혹은 F ÷ (P − V))을 상기하면 된다.

[문2] ①, ③

DOL의 값이 높을 경우 매출 확대에 따른 이익 확대 역시 커져 바람직하지만 매출 감소의 경우에는 반대이다. 한편, 세금이 존재할 경우 감가상가비와 같은 비현금지출 비용이 세금공제효과를 보여 현금분기점은 세금이 없는 경우에 비해 낮다. 개별 제품의 공헌이익 수치가 제시된 경우에는 이들 수치에 믹스비율을 가중치로 적용해서 가중평균공헌이익률을 구해야 한다.

[문3] ⑤

영업레버리지도는 특정 조업도 수준에서의 공헌이익 ÷ 영업이익으로 계산된다. 따라서 분모가 0인 손익분기점에서 최대의 수치(실제로는 무한대)를 기록하고 그 우측으로는 점점 수치가 줄어든다. 즉, 판매량이 증가하면 영업레버리지도는 감소한다.

[문4] ① 영업레버리지도는 공헌이익 ÷ 영업이익이다.

[문5] ② 매출액 = 변동비(x) + 고정비 + 목표이익

100,000 × ₩12 = x + ₩280,000 + ₩200,000 ∴ x = ₩720,000

[문6] ②

W 3개와 D 2개를 하나의 묶음으로 보면 이 묶음의 공헌이익은

(3 × ₩2) + (2 × ₩4) = ₩14 따라서, ₩420,000 ÷ 14 = 30,000묶음

∴ 30,000묶음 × 5 = 150,000개

[문7] ④ $(₩400,000 + ₩100,000) \times \frac{1}{(1-60\%)} \div 200,000단위 = 6.25$

[문8] ②

$$안전한계 = \frac{예상매출액 - BEP매출액}{예상매출액}$$

BEP = 25,000 × 100 = 2,500,000

$$\therefore 안전한계율 = \frac{5,000,000 - 2,500,000}{5,000,000} = 0.5 = 50\%$$

[문9] ③

세후이익 ₩1,000,000 × (1 − 0.2) = ₩800,000을 기준으로 세율 적용구조가 달라진다.

세전이익(X) − 법인세 = 세후이익

X − {₩1,000,000 × 0.2 + (X − 1,000,000) × 0.25} = ₩1,175,000

∴ X = ₩1,500,000

$$TI_Q = \frac{₩(1,000,000 + 1,500,000)}{6,000 - 4,000} = 1,250개$$

[문10] ⑤ 3월 영업레버리지도(공헌이익/영업이익)를 이용하여 영업이익 및 고정원가를 역산하고 4월 영업이익을 계산한다.

		3월		4월
매 출 액		₩700,000	10% →	₩770,000
× 공헌이익률		×54%		×54%
공 헌 이 익		₩378,000		₩415,800
고 정 원 가	1/3	252,000		282,000
영 업 이 익		→ ₩126,000		₩133,800

주관식

[문1] 손익분기점 분석

1. 단위당 변동비 = ₩30 × (1 − 40%) = ₩18

   현재(10월) 판매량 = ₩210,000 ÷ ₩30 = 7,000단위

   고정비 = 총비용 − 변동비 = ₩180,000 − ₩18 × 7,000단위 = ₩54,000

   따라서 손익분기점 매출액 = 고정비 ÷ 공헌이익률

   = ₩54,000 ÷ 40% = ₩135,000

2. π = (₩20 − ₩18) × 10,000단위 − ₩54,000 = (₩34,000) 즉, ₩34,000 손실

[문2] 복수제품과 목표이익 달성 매출액

가중평균공헌이익 : (₩50 × 60%) + (₩300 × 40%) = ₩150

가중평균판매가격 : (₩120 × 60%) + (₩500 × 40%) = ₩272

가중평균공헌이익률 : $\frac{₩150}{₩272}$(미리 소수점 계산을 하지 않는 것이 바람직함)

$$\textbf{목표매출액} = \frac{350,000 + \frac{60,000}{1-0.4}}{\frac{150}{272}} = \textbf{₩816,000}$$

제품 X와 제품 Y의 수량 믹스비율이 60% : 40%(즉, 3 : 2)라는 것은 곧 매출액 비율이 360 : 1,000임을 의미함.

따라서, 제품 X의 매출액 = ₩816,000 × $\frac{36}{136}$ = **₩216,000**

수량 = ₩216,000 ÷ ₩120 = **1,800**개

마찬가지로

제품 Y의 매출액 = ₩816,000 × $\frac{100}{136}$ = **₩600,000**

수량 = ₩600,000 ÷ 500 = **1,200**개

<별해> **꾸러미법**

꾸러미 단위당 공헌이익은 ₩750(=₩50×3 + ₩300×2)인 바,

$$\frac{350,000 + \frac{60,000}{1-0.4}}{750} = \textbf{600 꾸러미}$$

따라서, 각 제품 수량은 제품 X = **1,800**개, 제품 Y = **1,200**개

총 매출액은 = (₩120×1,800) + (₩500×1,200) = **₩816,000**

[문3] 매출액이익률로 설정된 목표이익

S(매출액) = $\frac{F + 목표이익}{공헌이익률}$ 이므로

상승 전 S = $\frac{₩1,000,000 + 0.2S}{1 - 0.6}$ ∴ S = ₩5,000,000

상승 후 S = $\frac{₩1,200,000 + 0.15S}{1 - 0.7}$ ∴ S = ₩8,000,000

따라서 ₩3,000,000 늘어야 한다.

[문4] 목표이익 달성 판매량

세후이익은 세전이익 ₩20,000을 기준으로 세율 적용구조가 달라진다.

* 요구되는 세전이익을 X라고 하면 세전이익(X) − 법인세 = 세후이익 공식에 따라

$X - \{₩20,000 \times 0.3 + (X - 20,000) \times 0.4\} = ₩19,500$

$\therefore X = ₩29,167$(반올림 수치)

$$TI_Q = \frac{₩(40,000 + 29,167)}{20 - 10} = 6,917\text{개}$$(반올림 수치)

[문5] 민감도분석

현재의 단위당 판매가격 : ₩350 ÷ (1 − 0.3) = ₩500

현재의 총고정비 : ₩100,000 × 0.3 = ₩30,000

최대인상가능액(y) :

250단위 × (₩500 − ₩350) − (₩30,000 + y) = 50단위 × ₩500×10%

따라서 y = ₩5,000

[문6] 복수제품의 CVP분석(1)

1. 단위당 공헌이익은 ₩50(와우), ₩80(신촌)인 바 고정비를 x라 할 때 판매량 800개에서 다음 식이 성립해야 함. 즉,

   (₩50 × 800) − x = ₩80 × 800 − ₩40,000

   <주> 세전이익이나 세후이익이나 동일함.

   따라서 x = ₩40,000 − ₩24,000 = ₩16,000
2. DOL = 공헌이익 ÷ 영업이익 = ₩64,000 ÷ ₩24,000 = 2.67
3. 안전한계율 = (매출액 − 손익분기점 매출액) ÷ 매출액

   = (₩80,000 − ₩32,000) ÷ ₩80,000 = 0.6(60%)
4.

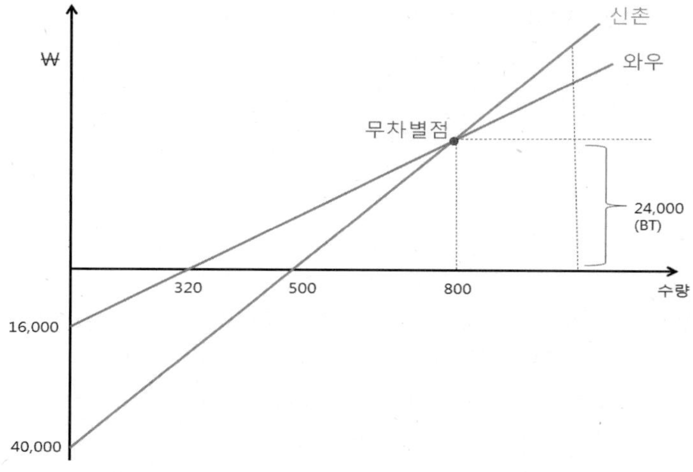

위의 PV도표를 참고하면 신촌기업의 기울기(즉, 단위당 공헌이익)가 높기 때문에 두 기업의 이익이 동일한 무차별점을 지난 우측 조업도에서는 당연히 신촌 기업이 보다 적은 판매량으로 2배 수준의 이익을 기록하게 된다. 계산은 다음과 같다. 판매량 800개일 때 ₩24,000 이익이 두 배가 되려면 ₩24,000 이익 증가가 필요함. 신촌기업의 단위당 공헌이익은 ₩80이기 때문에 300개(=₩24,000 ÷ 80) 추가 판매가 필요하다.

<주> 손익분기점 이후에는 이미 고정비가 회수된 상태인 바 고려할 필요가 없다.

[문7] 복수제품의 CVP분석(2)

제품 A의 판매가격이 제품 B의 1.25배(즉, 5 : 4)인데 매출액 비율은 3 : 1(즉, 75% vs 25%)인 바 판매량 비율은 곧 (각각의 판매량을 A, B라고 하면)

5A : 4B = 3 : 1 식을 토대로

12B = 5A 따라서 <u>A = 2.4B</u>라는 식이 성립한다.

제품 A의 단위당 공헌이익은 ₩200, 제품 B의 단위당 공헌이익은 ₩240.

따라서 각각의 판매량을 A, B에 <u>A = 2.4B</u>를 적용하면,

(세후) 매출액순이익률 10%를 달성하기 위해서는 다음 식이 성립해야 한다. 즉,

[(₩200A + ₩240B) − ₩12,800] × 0.8 = (₩1,000A + ₩800B) × 0.1

= (480B + 240B) − 12,800 = [(2,400B + 800B) × 0.1] ÷ 0.8

=> 720B − 12,800 = 400B

따라서 320B = 12,800 즉, B = 40, A = 2.4B = 96

결론적으로 총매출액은 ₩1,000 × 96 + ₩800 × 40 = ₩128,000

<별해> 위에서는 각각의 판매수량을 구한 후 매출액을 구했지만 문제에서는 매출액만 물어보고 있는 바, 보다 간편하게는 다음 식으로 풀 수 있음. 즉, 총매출액을 X라고 하면 A제품의 공헌이익률 = 0.2, B제품의 공헌이익률 = 0.3인바

[0.75X × 0.2 + 0.25X × 0.3 − 12,800] × 0.8 = X × 0.1

따라서 (0.225X − 12,800) × 0.8 = 0.1X

=> X = ₩128,000 (두 방법 답은 동일하다.)

[문8] 안전한계율

우선 예상조업도 수준에서의 손익분기점 매출액과 예상이익, 공헌이익, 안전한계를 구하면, 다음과 같다.

손익분기점 매출액 = 고정비 ÷ 공헌이익률 = ₩1,500,000 ÷ 0.3 = ₩5,000,000

예상매출액에서의 공헌이익 = ₩7,000,000 × 0.3 = ₩2,100,000

예상이익 = ₩7,000,000 × 0.3 − ₩1,500,000 = ₩600,000

따라서 안전한계 = 예상매출액 − 손익분기점 매출액

= ₩7,000,000 − ₩5,000,000 = ₩2,000,000

1. 안전한계율 = $\frac{\text{안전한계}}{\text{매출액}} = \frac{₩2,000,000}{₩7,000,000}$ = 28.57%

2. 영업레버리지도 = $\frac{\text{총공헌이익}}{\text{세전영업이익}} = \frac{₩2,100,000}{₩600,000}$ = 3.5

3. 영업이익증가율 = 매출액증가율 × 영업레버리지도
   = 20% × 3.5 = 70% 증가

[문9] CVP도표와 안전한계율

㈜국세의 자료를 감안하면 고정비는 ₩100,000, 단위당 판매가격은 ₩1,000(=₩100,000 ÷ 100개), 변동비는 ₩800(=₩100,000 ÷ 125)임. 따라서 단위당 공헌이익은 ₩200임.

또한 **손익분기점 판매량**은 500개(=₩100,000 ÷ 200)임.

따라서 37.5%의 안전한계율을 달성하려면 예상판매량을 X라 할 때 다음 식이 성립해야 함.

0.375 = (예상판매량 − 손익분기점 판매량)/예상판매량
= $(X-500)/X$ 따라서 X = 800개

[문10] 복수제품의 CVP분석(3)

	제품 A	제품 B	제품 C	회사전체
매출액	₩125,000	₩375,000	₩125,000	₩625,000
변동원가	75,000	150,000	37,500	(262,500)
공헌이익				₩362,500
고정비				(300,000)
세전이익				₩62,500
법인세(20%)				(12,500)
세후이익				₩50,000

1. 제품 C 추가 전 회사전체 평균 공헌이익률 = ₩275,000/500,000 = 55%
   제품 C 추가 후 회사전체 평균 공헌이익률 = ₩362,500/625,000 = 58%
2. 제품 C의 매출액 비중 = ₩125,000/625,000 = 20%
3. 제품 C 추가 전 $BEP_{₩}$ × 55% = ₩220,000, 추가 전 $BEP_{₩}$ = ₩400,000
   제품 C 추가 후 $BEP_{₩}$ × 58% = ₩300,000, 추가 후 $BEP_{₩}$ = ₩517,241
   약 ₩517,241 증가
4. 제품 C 추가 전 DOL = $\frac{275,000}{55,000}$ = 5

   제품 C 추가 후 DOL = $\frac{362,500}{62,500}$ = 5.8

5. 회사전체 세후이익은 ₩6,000 증가한다. (44,000 vs 50,000)

[문11] 매출배합의 변화, 소득세

1. Q를 손익분기점을 실현하는 녹음기 판매수량이라고 하자.
   2019년의 매출배합은 녹음기 : 전자계산기 = 1 : 2
   손익분기점에서는 공헌이익이 총고정비와 같아야 하므로
   7Q + 13(2Q) = 1,320,000
   따라서 Q = 40,000(녹음기), 80,000(전자계산기)
2. 2020년의 손익분기매출량을 구하기 위해서

	녹음기	전자계산기	가중치
판매가격	15(1/4)	20(3/4)	18.75
변 동 비	7.8	8.9	8.625
공헌이익	7.2	11.1	10.125

   ₩1,377,000 ÷ 10.125 = 136,000단위
   따라서 녹음기 = 136,000 × 1/4 = 34,000
   전자계산기 = 136,000 × 3/4 = 102,000
3. Q를 녹음기 판매수량이라 하면 전자계산기 판매수량은 3Q이다.
   (7.2Q + 11.1 × 3Q − 1,377,000) × (1 − 0.55) = 0.09(15Q + 20 × 3Q)
   따라서 Q = 54,000, 3Q = 162,000이다.
   요지 : 매출액이익률을 목표이익으로 제시하는 CVP문제는 반드시 기본식(TR − TC = Π)을 이용할 것.

[문12] 인플레이션과 CVP분석

1.

공헌이익	₩432,000,000	(₩9,000×48,000)
미판매분손실	4,800,000	[(₩19,500 + ₩900 − ₩18,000)×2,000]
고 정 비	360,000,000	
순 이 익	**₩67,200,000**	

2. 회피가능한 손실금액은 ₩4,800,000이다. 따라서 48,000켤레의 정확한 주문의 경우의 순이익은 ₩67,200,000 + ₩4,800,000 = ₩72,000,000이다.
3. 무차별한 구두 구매가격을 계산하는 것이다. P를 구매가격이라 하면
   (₩30,000 − P − ₩1,500)×48,000 − ₩360,000,000 = ₩67,200,000
   (₩28,500 − P) = ₩8,900
   P = ₩19,600

Management Accounting

관련원가분석(Ⅰ): 단기적 특별의사결정 04

단답식 개념문제

01. **관련원가**란 두 대안간에 차이를 보일 미래 원가로 정의된다.
02. Make-or-buy나 특별주문의 수락여부와 같은 관련원가 분석에서 자칫 비관련원가인 고정제조간접비까지 포함한 전부원가를 기준치로 활용함으로써 그릇된 판단을 내리는 잘못을 **전부원가**의 **오류**(영: **full** cost fallacy)라고 부른다.
03. 관련원가분석을 강조하는 Clark 교수가 1920년대 주창한 대표적인 관리회계의 캐치프레이즈를 요약하면? "상이한 ***목적***을 위한 상이한 ***원가***의 활용!"이다.
04. 유휴설비능력이 없거나 부족하여 기존 정상판매를 줄여야 하는 경우의 관련원가는 변동원가에 기존 정상판매의 공헌이익 상실액인 **기회원가(또는 기회비용)**를 합친 금액이다.

[문 1] ① 제1단계 : 관련자료를 비롯한 의사결정에 유용한 정보수집
② 제2단계 : 예측방법을 결정하고 동예측에 필요한 구체적 예측치 파악
③ 제3단계 : 의사결정모델을 적용하여 최적안 선택
④ 제4단계 : 선택된 대안을 실행
⑤ 제5단계 : 실행결과에 대한 성과평가

[문 2] 동의하지 않는다. 미래원가는 대안간에 차이를 보이는가의 여부에 따라 관련원가일 수도 있고 비관련원가일 수도 있다는 점이다.

[문 3] 변동원가나 고정원가이든 대안간에 차이를 보이지 않는 원가는 비관련원가이다.

[문 4] 첫째, 관련성이 없는 원가가 포함되어 있는 경우이다. 둘째, 동일한 산출수준을 사용하여 계산되지 않는 단위원가를 비교하는 경우이다.

[문 5] 관련원가는 대안간에 차이를 보일 것으로 기대되는 미래원가라고 정의된다. 관련원가의 정의상 핵심조건은 차이(differential)와 미래(future)이다.

[문 6] 기회비용이란 재료, 노동 또는 설비 등의 자원에 대해서 대체적인 용도 중 어느 하나를 택하고 다른 것을 포기한 결과 상실되는 효익을 화폐가치로 평가한 것으로 정의한다. 이는 특정 대안의 총관련원가 산정시 부가되어 고려되거나 다른 차

선의 대안의 효익에 추가되거나 고려되어 진정한 비교가 이루어지는 데 결정적인 역할을 수행한다.

[문7] 매몰원가는 성과평가시에 고려되거나 미래원가를 예측할 때 참조가 되기 때문에 종종 이용되거나 관심의 대상이 된다.

[문8] ① 의사결정이 초래할 주된 영향을 보다 분명히 파악할 수 있다.
② 분석표를 작성함이 용이하다.
③ 총액분석의 경우처럼 대안간에 공통적인 항목에 관한 자료를 일일이 구해야 하는 번거로움을 피할 수 있다.

[문9] 전부원가의 오류(full cost fallacy)란 매몰원가의 비관련성을 강조한다 하더라도 단기의사결정에서는 매몰원가를 관련원가로 간주하는 오류를 저지르는 것을 의미한다. 재무회계에서 계산되는 제품원가는 고정제조간접비의 배분을 포함한 전부원가를 의미한다. 그러나 단기의사결정과 무관하게 총금액이 일정한 고정비는 비관련원가로서 의사결정에 활용되지 말아야 한다. 그럼에도 불구하고 전부원가는 재무제표에서 쉽게 구할 수 있다는 이유로 자칫 의사결정에 잘못 이용되기도 하는데 이를 전부원가의 오류라고 한다.

[문10] 그렇지 않다. 왜냐하면 고정비 중에도 특정대안을 택함으로써 발생하는 원가(즉, 동대안을 포기함으로써 회피가능한 원가)는 관련원가이기 때문이다.

[문11] 이미 과거에 발생한 매몰원가이기 때문이다. 또한 신기계의 경우에도 감가상각비는 취득원가에 기초하여 이루어지는데 취득원가는 관련원가로 처리되기 때문에 이중으로 계산할 필요가 없다. 단 세금효과를 감안한 감가상각방식의 타당성을 분석할 경우에는 상이한 감가상각방법에 따른 감가상각비 차이가 현금흐름의 차이를 가져오고 이것이 현가계산에 영향을 미치는 점에서는 관련 맺는다.

[문12] 수작업을 자동화하는 경우 변동노무비는 줄어드는 대신에 고정제조원가(감가상각비)가 늘어난다. 이 밖에도 기업이 자체 인력을 이용하여 처리하던 일을 외부에 아웃소싱을 주면 고정비 성격의 인건비는 줄어드는 대신에 변동원가는 늘어난다.

[문13] 아웃소싱과 부품의 자가생산 또는 외부구입 상황은 매우 유사하다. 단지 전통적인 상황에서는 주로 부품 등의 제조상황을 염두에 두었지만 오늘날에는 제조는 물론 물류 및 인사·총무 등 다양한 형태의 서비스부문의 작업에 대한 자체 수행 대 외부의뢰간의 비교상황으로 확대된 것이 특징이라고 할 수 있다.

[문14] 흔히 관련원가분석에서는 단기상황을 가정한다. 그러나 실제 기업현실에서는 장기전략적 측면을 종합하여 이루어지는 경우가 비일비재하다. 따라서 때로는 공식적인 수치분석에서는 거절해야 할 특별주문도 미래에 기업에 미칠 효과를 감안하여 수락하게 되는데 대부분의 경우 이러한 무형적 장점에 대한 계량화가 쉽지 않아서 대부분 분석에서는 제외되는 한계점을 갖는다.

[문15] 흔히 단기적인 상황에서는 영향을 받지 않는다는 이유로 비관련원가로 간주되는 고정비에 대한 원가의식을 종업원들이 갖도록 할 필요가 있다. 그렇지 않을 경우

변동비 회수에만 초점을 맞추어 고정비회수에 충분한 수익창출이 이루어지지 않을 수 있다. 대표적인 실패사례로는 브라니프항공사 사례를 들 수 있다. 대부분의 원가가 고정비 성격을 갖는 항공사의 경우 자칫 티켓판매요원들은 이륙직전의 비행기 빈좌석을 그대로 방치하기보다는 정규판매가격을 대폭 할인하여 좌석을 채우는 것이 공헌이익의 증가를 가져오는 바 단기적으로는 유리하다고 주장한다. 그러나 이러한 분위기가 지속될 경우 티켓판매 가격은 지나치게 낮아서 비행기 감가상각비, 공항판매대 유지비 등 온갖 고정비를 회수하는 데 불충분하여 결국 도산에 이르게 된 것이다.

객관식

[문1] ②

a. 미래원가라도 두 대안간에 차이를 보이지 않는 원가는 비관련원가이다.

b. 매몰원가는 과거에 발생한 원가로 항상 비관련원가이다. 단지 미래 예측에 참고가 될 수는 있지만 대안간의 비교에는 무관하다.

e. 제약조건하에서의 최적 의사결정은 가격이 제일 높은 제품 대신에 제약조건 단위당 공헌이익이 큰 제품을 최우선적으로 생산해야 한다.

[문2] ⑤

[문3] ④ 유휴설비처분액은 아웃소싱 의사결정과 별개의 자본예산 의사결정(즉, 기존 설비의 폐기처분)에 관련되는 것으로 함께 고려하여 단기의사결정 타당성을 평가하면 안 된다.

[문4] ①

(주)강산의 의사결정대안은 ⓐ 파손된 상태에서 판매 ⓑ 재작업 후 판매 두 가지이다. 기회비용이란 어떤 의사결정으로 인해 다른 대체안을 포기하게 될 경우 포기한 대체안에서 얻을 수 있는 최대금액 상실분을 말하므로 재작업 후 판매한다면 기회비용은 200,000원이다.

[문5] ④

[문6] ① 생산에 투입된 제조원가는 매몰원가로 비관련이고 관련원가는 단위당 판매관리비인 ₩12이다. 제품 C를 5개 ₩150/단위당 처분하면 (₩150 − ₩12)×5 = ₩690의 증분이익이 생긴다.

[문7] ① 특별주문 수락 의사결정을 위해서는 우선적으로 여유 생산 능력이 있는지를 파악해야 한다. 특별주문을 소화할 수 있는 유휴생산능력이 있는 경우에는 추가적인 고정제조간접비가 발생하지 않아 기회원가가 없다. 따라서 특별주문 수락 거절 의사결정에 영향을 미치지 못한다.

유휴 생산능력은 12,000 − 7,200 = 4,800개.
특별주문이 유휴생산능력 범위 내에 있어 기존 판매분의 감소(즉, 기회비용)는 없다.
특별주문의 단위당 변동비는 ₩1,660(=₩750+550+480×0.75)이다.
특별주문 수락시, 단위당 판매가격을 p라 하면

증분수익 (공헌이익의 증가)	2,500(p − 1,660 − 100)
증분비용	−
증분이익	2,500(p − 1,660 − 100)

증분이익이 최소한 2,500(p − 1,660 − 100)>0이어야 하므로 p>1,760

[문8] ③

<핵심> 특별주문을 수락하더라도 고정제조간접비, 고정판매비와 관리비는 아무런 변화가 없다.

제품단위당 변동제조원가 = (₩1,400,000 − ₩500,000) ÷ 10,000개 = ₩90

* 증분수익:	특별주문수락으로 인한 공헌이익↑ (₩130 − 90)×1,000 =	₩40,000
* 증분비용:	정규판매↓에 따른 공헌이익 상실액 (₩200 − 90)×1,000 =	(110,000)
* 증분손실:	=	₩(70,000)

[문9] ②

단위당 변동매출원가	₩30
단위당 변동판매비	12
단위당 변동원가	₩42

따라서 단위당 공헌이익 = ₩60 − ₩42 = ₩18
수락시 공헌이익 증가 = (₩50 − 42) × 1,500 = ₩12,000
한편, 기존 판매분(500개)의 감소로 인한 기회비용
= 500 × ₩18(단위당 정규 판매 공헌이익) = ₩9,000
<결론> ₩12,000 − 9,000 = ₩3,000 이익 증가

[문10] ②

레저용 자전거에 대한 공헌이익을 분석하면 다음과 같다.

	레저용 자전거	
매 출 액	₩600,000	
직접재료비	150,000	
직접노무비	150,000	
변동제조간접비	75,000	(직접노무비의 50%)
변동판매비와관리비	60,000	(매출액의 10%)
공 헌 이 익	₩165,000	

레저용 자전거를 생산하는 부문을 폐지할 경우

* 증분수익:	임대수익	₩150,000	
	고정비 감소	50,000	₩200,000
* 증분비용:	공헌이익 감소		165,000
* 증분이익:			₩35,000

주관식

[문1] 자가생산 vs 외부구입(1)

1. ₩0 (두 대안 모두 관련원가가 ₩220,000,000으로 동일함)
2. 어느 대체안을 선택하더라도 상관없음.
3. 품질관리 및 미래에 예상되는 수요증가에 대비한 상수사의 협조 및 준비자세 등

[문2] 자가생산 vs 외부구입(2)

외부구입 의사결정에 따라 회피가능한 고정비는 관련원가임에 주의해야 한다.

Ⅰ. 증분수익	i) 변동제조원가 절감 (₩260+100+120)×1,000단위	₩480,000
	ii) 회피가능 고정제조간접비	100,000
	iii) 부품 W 생산으로 인한 원가절감액	90,000
		₩670,000
－Ⅱ. 증분비용	i) 외부구입비용(₩600×1,000단위)	600,000
Ⅲ. 증분이익		₩70,000

<결론> 외부공급자의 제의를 수락하는 경우 ₩70,000 이익이 증가한다.

(별해) 다음과 같이 작성해도 됨.

	Make	Buy
• 변 동 비 :	₩480,000	₩600,000(=₩600×1,000)
• 고 정 비 :	100,000	
• 기회비용 :	90,000	
	₩670,000	₩600,000

외부구입의 총원가가 ₩70,000 낮음 ∴ 외부구입이 유리

(결론) 외부구입의 순관련원가는 ₩70,000임.

[문3] 제약자원의 최적활용(1)

예산자료						
제품	판매가격	단위당 변동비	단위당 공헌이익	단위당 기계시간	기계시간당 공헌이익	우선순위
갑	₩150	₩90	₩60	10시간	6	③
을	100	70	30	3	10	②
병	200	160	40	2	20	①

1. 현재 사용기계시간은 200×10 + 500×3 + 450×2 = 4400시간. 따라서 여유시간은 없다. 위의 분석결과에 따라 병제품 생산을 늘리는 것이 바람직하며 이에 소요되는 기계시간은 갑제품 생산을 줄여서 충당한다.
2. 병제품 20% 증가에 소요되는 시간 = 450 × 0.2 × 2 = 180시간
   ∴ 갑제품 생산량 감소 = 180시간 ÷ 10시간 = 18개
3. 전체이익의 증가 = 병제품 판매로 인한 이익증가 − 갑제품 감소로 인한 이익감소
   = 450 × 0.2 × ₩40 − 18개 × ₩60
   = ₩2,520(이익증가)

(참고) 기존공헌이익은 ₩45,000이었기 때문에 생산량 증가 후의 이익은 ₩47,520이 된다. (결론) **병제품**의 생산을 늘려야 하며 이익은 **₩2,520** 증가한다.

[문4] 특별주문의 수락 여부(1)

단위당	변동제조원가	₩400
	변동판매관리비	100
단위당	변동원가	₩500

단위당 판매가격(P) = ₩1,000 따라서
단위당 공헌이익(CM) = 단위당 판매가격(P) − ₩500 = ₩1,000 − ₩500 = ₩500
현재 여유시설이 400 단위 존재하기 때문에 기회비용은 없다.
따라서 주문을 수락하는 경우
(₩650 − 500) × ₩200 = ₩30,000의 이익이 증가한다.

[문5] 특별주문의 수락여부 + 고저점법

(1) 고저점법을 이용해 단위당 변동제조간접원가 및 고정제조간접원가 계산
㈜세무의 고정제조간접원가를 a라 하고 단위당 변동제조간접원가를 b라 하면 다음의 식이 성립한다.
최대생산능력의 55% : ₩1,755,000 = a + b × 5,500단위 … ①
최대생산능력의 80% : ₩2,030,000 = a + b × 8,000개 … ②
①식과 ②식을 연립하여 풀어서 원가방정식을 추정하면 다음과 같다.
y = ₩1,150,000 + ₩110 × x

(2) 특별주문의사결정
유휴설비가 2,500단위(10,000단위 − 7,500단위) 존재하는데 특별주문수량은 3,000단위이므로 기존 거래를 500단위 감소시켜야 한다.
① 단위당 변동원가 : ₩80 + 120 + 110 = ₩310
② 특별주문을 수락하는 경우에 증분이익은 다음과 같다.

Ⅰ. 증분수익			
증 가	3,000개 × ₩350 =	₩1,050,000	
감 소	500개 × ₩400 =	(200,000)	₩850,000
Ⅱ. 증분비용			
증 가	3,000개 × ₩310 =	₩930,000	
감 소	500개 × ₩310 =	(155,000)	775,000
Ⅲ. 증분이익			₩75,000

그러므로 특별주문을 수락하는 경우에 증가되는 영업이익은 ₩75,000이다.

[문6] 제약자원의 최적활용(2)

<핵심> 다음 3가지 포인트를 활용한다.

1. 각 제품별 단위당 공헌이익을 분석한다.
2. 제약조건(기계시간) 단위당 공헌이익을 분석한다.
3. 특별주문을 수락할 경우, 제약조건이 충분한지 여부를 분석한다, 제약조건이 충분하지 못하다면 제약조건 단위당 공헌이익이 높은 제품을 먼저 생산한다. 즉, 제약조건 단위당 공헌이익이 낮은 제품의 생산을 줄인다.

	H제품	L제품
정규 판매가격	₩100	₩60
직접재료원가	40	20
직접노무원가(변동원가)	20	15
변동제조간접원가	10	5
변동원가(합계)	70	40
단위당 공헌이익	30	20
단위당 소요기계시간	2	1
기계시간당 공헌이익	₩15	₩20

3월 생산계획은 곧 H 기준 400개로서 여유시설이 없다. 따라서 특별주문 수락으로 인한 손해를 최소화하기 위해서는 우선적으로 기계시간당 공헌이익이 적은 H제품을 50개 줄여야 한다.

[특별주문 수락시]

* 증분수익: L제품 특별주문으로 인한 공헌이익 증가	100개×(₩50 − 40)	= ₩1,000
* 증분비용: H제품판매↓에 따른 공헌이익 감소	50개×(₩100 − 70)=	1,500
* 증분손실:		= ₩ (500)

[문7] 결합제품의 추가가공

결합제품의 판매–추가가공 의사결정시 결합원가배분액은 관련원가가 아니다.

제품	(1) 최종 판매가격	(2) 분리점에서의 판매가치	(3)=(1)−(2) 추가가공에 따른 추가수익	(4) 추가가공비	(5)=(3)−(4) 추가가공에 따른 손익
갑	₩40,000	₩28,000	₩12,000	₩10,000	₩2,000
을	35,000	30,000	5,000	8,000	(3,000)
병	30,000	24,000	6,000	6,000	0
정	30,000	20,000	10,000	9,000	1,000
무	105,000	100,000	5,000	10,000	(5,000)

따라서 제품 갑을 추가가공해야 한다.

[문8] 제품라인의 추가 또는 폐지결정(1)

	A	B	C	계
Ⅰ. 매 출	4,000	2,000	3,000	9,000
−Ⅱ. 변동비				
• 직접재료비	1,000	400	400	1,800
• 직접노무비	1,200	300	200	1,700
• 변동제조간접비*	400	100	800	1,300
Ⅲ. 공헌이익	1,400	1,200	1,600	4,200
−Ⅳ. 고정제조간접비*	1,600	800	1,200	3,600
Ⅴ. 영업이익	(200)	400	400	600

	A	B	C	계
고정제조간접비	1,600[1)]	800	1,200	3,600
변동제조간접비	400[2)]	100	800	1,300
제조간접비	2,000	900	2,000	4,900

1) ₩3,600×4,000/9,000 = 1,600 2) 2,000 − 1,600 = 400

A제품 생산중단시 이익이 1,400만원만큼 감소한다.

Ⅰ. 증분수익 :	0
−Ⅱ. 증분비용 : 공헌이익의 감소	1,400
Ⅲ. 증분이익 :	₩(1,400)

[문9] 복수제품과 관련원가분석(1)

1. (1) 사무용 가방을 자가제조 판매할 경우의 단위당 공헌이익

① 단위당 판매가격(P)		₩90
② 단위당 변동비(V)		
• 직접재료비	15.25	
• 직접노무비	18.75	
• 변동제조간접비*	4	
• 변동판매비	10	48
③ 단위당 공헌이익(CM)		₩42

* • 단위당 직접노동시간 : 18.75/15 = 1.25시간
• 최대직접노동시간 : 4,000개×1.25 = 5,000시간
• 직접노동시간당 고정제조간접비 배부율 = ₩20,000/5,000 = ₩4/시간
• 단위당 고정제조간접비 = ₩4/시간×1.25 = ₩5/단위
• 단위당 변동제조간접비 = ₩9/단위 − ₩5/단위 = ₩4/단위

(2) 사무용 가방을 외부구입하여 판매할 경우의 단위당 공헌이익
= 90 − 68 − 5 = ₩17/단위

(3) 총공헌이익 = ₩42×4,000단위 + ₩17×(6,000 − 4,000) = ₩202,000

2. (1) 아동용 가방을 자가제조 판매할 경우의 단위당 공헌이익

① 단위당 판매가격(P)		₩54
② 단위당 변동비(V)		
• 직접재료비	10	
• 직접노무비	7.5	
• 변동제조간접비*	1.6	
• 변동판매비	5	24.1
③ 단위당 공헌이익(CM)		₩29.9

* • 단위당 직접노동시간 : ₩7.5/15 = 0.5시간
• 직접노동시간당 고정제조간접비 배부율 = ₩4/시간
• 단위당 고정제조간접비 = ₩4/시간×0.5시간 = ₩2/단위
• 단위당 변동제조간접비 = ₩3.6/단위 − ₩2/단위 = ₩1.6/단위

(2) 최적생산계획

구 분	사무용 가방		아동용 가방
	자가제조(make)	외부구입(buy)	자가제조(make)
① 단위당 공헌이익	42	17	29.9
② 단위당 직접노동시간	1.25시간	·	0.5시간
③ 직접노동시간당 공헌이익	₩33.6/시간	·	₩59.8/시간
④ 생산우선순위	②		①

- 총직접노무시간: 5,000시간
- 아동용 가방생산시 직접노동시간: 8,750단위×0.5시간=4,375시간
- 사무용 가방생산시 직접노동시간: (5,000－4,375)=625시간
- 사무용 가방생산량: 625시간/1.25시간=500단위
- 최적생산계획: 아동용 가방 8,750단위
  사무용 가방 500단위를 생산한다.

(3) 최적구매계획

수요량－자가생산량 = 6,000－500 = 5,500단위

사무용 가방 5,500단위를 외부구입하여 판매한다.

(4) 공헌이익 증가액

(29.9×8,750＋42×500＋17×5,500)－202,000=₩174,125

3. (1) 제품별 최적생산계획(아동용 가방 특별주문 수락결정)

구 분	사무용 가방		아동용 가방	
	자가제조	외부구입	자가제조(make)	특별주문
단위당 공헌이익	42	17	29.9	25.9*
단위당 직접노동시간	1.25시간	·	0.5시간	0.5시간
직접노동시간당 공헌이익	₩33.6/시간	·	₩59.8/시간	₩51.8/시간
생산우선순위	③		①	②

- 아동용 가방 자가제조시 직접노동시간: 8,750단위×0.5시간=4,375시간
- 아동용 가방 특별주문 수락시 직접노동시간: 200단위×0.5시간=100시간
- 사무용 가방 자가제조시 직접노동시간: 5,000시간－100－4,375=525시간
- 최적생산계획: 자가제조판매 8,750단위
  아동용 가방 특별주문 200단위
  사무용 가방 자가제조판매 420단위(525시간/1.25시간)를 생산한다.

* ₩50－24.1=₩25.9

(2) 기회비용: 아동용 가방 특별주문품 생산으로 인하여 사무용 가방 80단위를 자가제조하지 못하고 외부구입 판매함으로 인한 공헌이익 상실액이 기회비용이다.

(₩42－17)×80단위=₩2,000

(3) 주문량에 대한 최소판매가격

단위당 변동비＋단위당 기회비용 = 24.1＋₩2,000/200단위=₩34.1

최소판매가격은 ₩34.1이다.

4. (1) 아동용 가방을 외부구입하는 경우의 기회비용(단위당)

① 아동용 가방 1단위 자가제조 포기		₩20
② 사무용 가방 자가제조 0.4단위* 증가	0.4×₩25 =	10(−)
③ 사무용 가방 외부구입 0.4단위 포기	0.4×₩15 =	6(+)
기회비용		₩16

* 아동용 가방 1단위 생산을 위한 소요시간을 사무용 가방 1단위 제조소요시간으로 나누면 0.5시간/1.25시간 = 0.4단위

(2) 기회비용(₩16)이 아동용 가방 외부구입의 단위당 공헌이익 ₩18보다 작으므로 외부구입이 유리하다.

(3) 최적생산계획 및 구입계획

1) 아동용 가방 외부구입기회가 없는 경우 최적생산계획 및 구입계획

구 분	사무용 가방		아동용 가방
	자가제조	외부구입	자가제조
단위당 공헌이익	25	15	20
단위당 직접노동시간	1.25		0.5
직접노동시간당 공헌이익	20		40
우선순위	②		①

- 아동용 가방 자가제조시 직접노동시간: 8,750단위×0.5시간 = 4,375시간
- 사무용 가방 자가제조시 직접노동시간: 5,000 − 4,375 = 625시간
- 사무용 가방 자가제조수량: 625/1.25 = 500단위
- 최적생산계획: 아동용 가방 자가제조 판매 8,750단위
  사무용 가방 자가제조 판매 500단위
- 최적구매계획: 6,000단위 − 500 = 5,500단위

2) 아동용 가방 외부구입 기회가 있는 경우 최적생산계획 및 구입계획

- 아동용 가방을 전부구입 후 판매하는 것이 유리하다.
- 아동용 가방 자가제조시 직접노동시간: 0시간
- 사무용 가방 자가제조시 직접노동시간: 5,000시간
- 사무용 가방 자가제조수량: 5,000/1.25 = 4,000단위
- 최적생산계획: 사무용 가방 자가제조 판매 4,000단위
- 최적구매계획: 아동용 가방 외부구입 판매 8,750단위
  사무용 가방 외부구입 판매 (6,000 − 4,000) 2,000단위이다.

(4) 공헌이익 증가액

사무용 가방제조 : (4,000 − 500) × ₩25 =	₩87,500
사무용 가방구입 : (2,000 − 5,500) × ₩15 =	(−)52,500
아동용 가방제조 : (0 − 8,750) × ₩20 =	(−)175,000
아동용 가방구입 : (8,750 − 0) × ₩18 =	(+)157,500
공헌이익 증가	₩17,500

[문10] 관련원가분석(2)

1. 국내영업이 영향을 받지 않는다는 것은 특별주문에 대한 추가생산능력이 존재함을 뜻한다. 최소가격을 P라 하면

Ⅰ. 증분수익 : 외국특별주문 판매 10,000단위×P		10,000P
− Ⅱ. 증분비용 : i) 변동비 발생 10,000(300 + 150 + 75) =	₩5,250,000	
ii) 추가고정비 발생	400,000	5,650,000
Ⅲ. 증분이익 :		10,000P − 5,650,000

손해를 보지 않기 위해서는 10,000P − 5,650,000 ≥ 0이므로 최소가격(P)는 ₩565이다.

2. 재고에 대한 제조원가는 매몰원가이므로 비관련원가이다. 최소판매가격을 결정하는 데 관련을 맺는 단위원가는 판매시 발생할 변동판매비와관리비 ₩150이다.

3. 공급자가 제시한 가격이 과연 타당성을 갖는지를 판단하기 위한 관련원가는 변동제조원가 ₩300/단위, 변동판매비와관리비 중 감소액* ₩30/단위과 회피가능한 고정제조간접비** ₩30/단위이다.

   * ₩150×20% = ₩30/단위 ** 50×60% = ₩30/단위

   따라서, 외부구입 판매시 손해를 보지 않기 위한 최대지불가능 구입가격은 ₩360/단위(₩300 + 30 + 30)가 된다.

[문11] ABC + 제품라인의 추가 또는 폐지(2)

<핵심> 제품 B의 감소로 인한 단점과 제품 A의 증가로 인한 장점을 비교하는 것임.

<u>제품 B의 생산라인을 폐지하는 경우</u>

증분이익(benefit)	
제품 A의 판매량 증가	₩12,300*
증분손실(cost)	
제품 B↓ 공헌이익 상실	(10,000)**
증분이익(net benefit)	₩ **2,300**

<계산근거>

*** 제품 A 판매량 증가로 인한 증분이익**

₩12,300=(매출액 − 직접재료비 − 직접노무비 − 변동판관비)×30% − 작업준비원가×20%

=(₩100,000 − 25,000 − 20,000 − 12,000)×30% − ₩3,000×20%

**** 제품 B 판매 감소로 인한 공헌이익 상실분**

₩40,000 = 제품 B의 매출액 감소 − 제품 B 변동비 감소***

= ₩50,000 − ₩40,000 = ₩10,000로 인한 증분비용

*** 직접재료비 + 직접노무비 + 변동판관비 + 작업준비원가

= 15,000 + 13,000 + 6,000 + 6,000 = ₩40,000

<주> 제조간접원가 중 감가상각비는 매출액 기준으로 배분하는 바 제품 A의 감가상각비는 ₩8,000 제품 B의 감가상각비는 4,000이고 따라서 제품 A와 제품 B의 작업준비원가는 각각 ₩3,000원과 ₩6,000원이다.

Management Accounting

관련원가분석(II): 가격결정과 제품믹스결정 05

단답식 개념문제

01. **<u>원가</u>**함수. 참고로 가격결정의 3대 요인은 고객, 경쟁자, **원가**이다.
02. 제약조건하에서의 최적의사결정 기준은 제약조건 단위당 **<u>공헌이익</u>**이 가장 큰 제품 순위로 제약자원을 배분하면 된다.
03. 원가가산가격결정 방식은 기준이 되는 원가에서 제외된 원가와 **<u>목표이익</u>**을 합친 수치를 회수하기 위해 필요한 마크업을 기준원가에 추가하여 계산한다.

[문1] 원가함수, 즉 재화나 서비스 공급원가의 파악이다.

[문2] ① 일시적 대량주문에 대한 수량할인 요청의 검토, ② 특별한 부품생산에 대한 입찰가격 제시

[문3] 판매량이 늘어나게 되면 단위당 고정비가 줄어들게 되어 마크업률은 낮아지게 되고 반대로 판매량이 줄어들면 마크업률은 높아진다.

[문4] 원가가산 가격결정방식의 핵심인 기준원가에서 제외된 나머지 부분에 포함되는 목표이익수치를 단지 투하자본에 ROI를 곱하여 구한다는 점에서만 차이를 갖는다.

[문5] 작업시간 및 재료비기준 가격결정방식에서는 특정작업에 소요된 인건비 또는 직접재료비를 일단 파악한 후 이들 원가에서 제외된 나머지 부분을 회수하기 위해 필요한 원가가산율을 산정하여 최종가격을 결정한다 이 때 기준원가로 이용되는 인건비는 주로 해당작업에 투입된 종업원 인건비에 각종 간접비를 회수하기 위한 배부액의 합계를 의미한다. 반면에 재료비는 특정작업에 소비된 직접재료비에 자재취급 및 보관에 따른 원가를 합친 것이다.

[문6] 원가기준에서 제외된 나머지 원가에 기업이 목표로 삼는 목표이익이다.

[문7] 전부원가와 변동원가이다.

[문8] 재료비기준 가격결정의 논리는 보다 비싼 재료를 사용하여 서비스를 수행하는 경우 재료구입 및 보관/처리 등에 소요되는 간접비(즉, 부대비용) 또한 높다는 가정을 밑바탕에 깔고 있다. 따라서 제조업의 경우에도 비싼 재료를 이용한 가공작업이 보다 높은 간접원가(가령, 셋업원가 및 검사원가 등)를 유발한다면 재료비 기준 가격결정방식을 적용할 수 있다. 실제로 반도체 임가공업체의 경우 이런 방식

에 따라 가격을 결정하기도 한다.

[문9] 초기고가격결정방식은 상대적으로 경쟁회사의 시장진입장벽이 존재하고 제품개발에 고도의 기술 및 거액의 투자가 소요될 경우 효과적인 방법이다.

[문10] 전부원가는 조업도 수준에 따라 달라지는 고정비를 포함하는 것이다. 따라서 고정비의 변화가 불가능한 단기적 분석에서는 고정비를 제외한 변동원가를 이용하여 가격을 결정하는 것이 오히려 기업 전체성과를 높일 수 있다.

[문11] ABC는 전통적인 원가계산방식에 비해 보다 인과관계에 충실한 정확한 원가를 산정할 수 있게 하고 다양한 활동에 따른 추가 원가부담을 단위수준, 배치수준, 제품수준 등으로 파악할 수 있게 하는 일종의 데이터베이스를 활용할 수 있게 한다. 따라서 보다 합리적인 가격결정을 내릴 수 있게 한다.

객관식

[문1] ②

단위당 변동원가는 ₩70, 단위당 전부원가(100개 기준)는 ₩100(=₩50+₩50,000÷100)이다. 따라서 기준치가 높은 전부원가 마크업률이 상대적으로 낮다.

[문2] ④

B제품의 단위기계시간당 공헌 이익이 ₩40으로 A제품보다 크기 때문에 우선적으로 생산해야 한다. 따라서 500개 생산에 따른 공헌이익(₩40×500)에서 고정비를 차감한 ₩15,000이 정답이다.

[문3] ③

B제품 생산에 따른 ₩12,000(300개×₩40) 공헌이익에 200시간을 A제품 100개 생산에 돌려 버는 공헌이익 ₩6,000(100×₩60)을 합친 총 ₩18,000에서 고정비 ₩5,000을 차감하여 계산.

[문4] ⑤

단위당 변동원가의 절감효과와 고정비 증가로 인한 단위당 고정제조원가의 증가폭의 비교가 핵심이다. 기준조업도 40,000개를 가정하였기 때문에 다음 식이 성립하면 동일한 이익이 실현된다. 즉, ₩21,000+(−₩400+₩20,000,000÷40,000)=₩21,100

[문5] ④

제약조건인 기계시간 단위당 공헌이익을 계산하면 Z제품(₩4/시간), Y(₩3/시간), X제품(₩2/시간)의 순서로 생산하면 된다. 따라서 최우선적으로 Z제품을 최대한 수요만큼 생산하고 남는 시간을 Y제품 생산에 돌리면 최대 공헌이익은 ₩32,000+₩36,000=₩68,000이다.

[문6] ③

<핵심> 최대 수요량을 충족할 수 있는지 확인해 보는 것임. 즉, 직접작업시간이

제약조건이 되는지의 여부를 직접 확인하는 것이 관건임.

예상 최대수요량을 생산하기 위한 직접작업시간 = 1.4시간 × 80,000개 + 0.8시간 × 105,000개 = **196,000시간**

그런데, 이용가능한 직접작업시간은 **140,000시간**이므로, 아래와 같이 작업시간당 공헌이익이 높은 제품 Y를 105,000개(84,000시간) 생산하고, 나머지 56,000시간(140,000시간 − 84,000시간) 동안 제품 X를 생산한다.

제품 X의 생산량 = 56,000작업시간 ÷ 1.4시간 = 40,000개

	제품 X	제품 Y	
단위당 판매가격	₩2,000	₩1,250	
단위당 직접재료비	691	430	
단위당 직접노무비	560	320	
단위당 변동제조간접비	112	64	(단위당 직접노무비의 20%)
단위당 공헌이익	**₩637**	**₩436**	
단위당 직접작업시간	÷ 1.4시간	÷ 0.8시간	
작업시간당 공헌이익	**₩455**	**₩545**	
예상 최대수요	80,000개	105,000개	

* 단위당 직접작업시간 = 단위당 직접노무비 ÷ 임률

<결론> 기업의 이익을 극대화하기 위한 최적생산량은 (40,000개, 105,000개)

[문7] ③

<핵심> 국내 정상판매 포기에 따른 기회비용의 계산이 관건임.

단위당 변동원가(국내판매) = ₩375(350 + 25)

따라서 국내 정상판매 포기에 따른 기회비용 = ₩125(= 500 − 375) × 1,200
= ₩150,000

한편, 해외수출의 단위당 변동원가는 ₩370인 바 최저판매가격을 P라 할 때
3,000(P − ₩370) = ₩150,000 식이 성립함.

따라서 P = ₩420임.

[문8] ①

제약조건(염료) 단위당 공헌이익이 큰 한복 A를 먼저 생산한다. 한복 A 먼저 생산시는 한복 A 75단위, 한복 B 0단위 생산 => 영업이익 ₩225,000

한복 B 먼저 생산시는 한복 B 70단위, 한복 A 40단위 생산 => 영업이익 ₩190,000

구 분	한복 A	한복 B
단위당 공헌이익	₩3,000	₩1,000
단위당 명주 사용량	1kg	1kg
단위당 염료 사용량	2리터	1리터
염료단위당 공헌이익	₩1,500/리터	₩1,000/리터
생산우선순위	1	2

한복 A의 수요는 무한이므로, 150리터 염료 A 75단위를 생산한다.

주관식

[문1] 원가가산가격책정

1. 변동제조간접비

₩400 = ₩200 + (마크업률 ×₩200) 마크업률 = 100%

2. 전부제조원가

• 변동제조간접비	₩200
• 고정제조간접비배부액	(+)70
전부제조원가	₩270

₩400 = ₩270 + (마크업률 × ₩270) 마크업률 = 48.15%

3. 총원가 = ₩200 + ₩70 + ₩30 + ₩50 = ₩350

₩400 = ₩350 + (마크업률 × ₩350) 마크업률 = 14.29%

4. 총변동비

• 변동제조간접비	₩200
• 고정판매비와관리비	(+)30
총변동비	₩230

₩400 = ₩230 + (마크업률 × ₩230) 마크업률 = 73.91%

[문2] 원가가산 가격공식

1. 목표가격 = 총단위원가 + (마크업률 × 총단위원가)

₩450 = 총단위원가 + (12.5% × 총단위원가)

₩450 = 총단위원가 × 1.125

총단위원가 = ₩450 ÷ 1.125 = ₩400

단위당 배분되어야 하는 고정판매비와관리비 = ₩400 − (₩250 + ₩50) − ₩60
= ₩40

2. ① 변동제조간접비

₩450 = ₩250 + (마크업률 × ₩250) 마크업률 = 80%

② 전부제조원가

• 변동제조간접비	₩250
• 고정제조간접비배부액	(+)50
전부제조원가	₩300

₩450 = ₩300 + (마크업률 × ₩300) 마크업률 = 50%

③ 총변동비

• 변동제조간접비	₩250
• 변동판매비와관리비	(+)60
총변동비	₩310

₩450 = ₩310 + (마크업률 × ₩310)　마크업률 = 45.16%

[문3] 제약조건하의 의사결정

1.

	A	B	C	D
단위당 판매가격	₩59.3	₩56.7	₩59.5	₩55.6
단위당 변동비	37.3	27.5	35.5	36.3
단위당 공헌이익	22	29.2	24	19.3
기계시간당 공헌이익	22	41.71	40	32.17

따라서 생산우선순위는 B, C, D, A 순이다. 하지만 각 제품을 수요량 모두 생산할 경우 9,000시간으로 기계 사용가능시간을 초과한다. 따라서 8,000시간만큼의 생산을 감안할 때

B제품에 1,400시간, C제품에 2,400시간, D제품에 1,200시간을 배정한 후 남는 3,000시간(= 8,000 − 1,400 − 2,400 − 1,200)을 A제품에 할애하면 A제품은 3,000개 (= 3,000 ÷ 1.0) 생산가능하다. 따라서

기대공헌이익 = (₩29.2 × 2,000 + ₩24 × 4,000 + ₩19.3 × 2,000 + ₩22 × 3,000)
　　　　　= **₩259,000**

<주> 만약 기대공헌이익 대신에 기대이익을 계산할 경우 기대공헌이익에서 총고정비를 차감하면 된다. 참고로 총고정비는 각 제품에 부과된 단위당 고정제조간접비에 생산량을 곱하여 구하면 된다. 즉, ₩10.8 × 3,000 + 11.9 × 2,000 + 8.8 × 4,000 + 10.7 × 2,000이다.

2. 연삭기계의 사용가능시간을 100시간 늘일 수 있을 때 추가로 이용가능한 시간은 A제품 생산에 배정되어 100개(100 ÷ 1.0) 추가 생산이 가능하다. 따라서 A제품 단위당 공헌이익인 ₩22에 100을 곱한 **₩2,200**이 최대 지불가능 금액이다.

[문4] 마크업 가격결정

(i) 전부원가기준: $18(1+\alpha) = 27.5$　따라서 $\alpha = 52.78\%$

(ii) 변동원가기준: $20(1+\alpha) = 27.5$　따라서 $\alpha = 37.5\%$

[문5] 특별주문과 가격결정

1. 특별주문품의 단위당 최소판매가격은 단위당 변동비이다.
   ₩4 + ₩5 + ₩2 + ₩3 = ₩14
2. 20,000단위 × (x − ₩14) = ₩40,000
   따라서 x = ₩16

[문6] 유휴시설존재와 가격결정

1. 유휴생산능력 = 12,000 − 7,200 = 4,800개 > 특별주문량 = 2,500개

   ∴ 정상적인 판매량의 감소는 없다.

2. 특별주문 수락시

Ⅰ. 증분수익 :	2,500개 × [P − (750 + 550 + 480 × 0.75) − 100]
− Ⅱ. 증분비용 :	−
Ⅲ. 증분이익	2,500 × (P − 1,760)

3. 최소금액 : 2,500 × (P − 1,760) ≥ 0

   ∴ P ≥ 1,760

<결론> 최소가격은 ₩1,760이다.

[문7] 관련원가분석 : CVP + 가격결정

1. 가격인하 전 공헌이익 = 2,400×(₩600 − ₩450) = ₩360,000

   가격인하 후 공헌이익 = 3,600×(₩500 − ₩450) = ₩180,000

   따라서 가격인하가 바람직하지 않다.

   (주) 고정비는 불변인 바, 공헌이익 비교로 충분하다.

2. 이미 발생한 제조원가(직접재료비, 직접노무비, 제조간접비)는 의사결정시 고려할 필요가 없는 매몰원가로서 비관련원가이다. 따라서 정상판매할 것인가 아니면 폐기처분할 것인가 여하에 따라 변화하는 변동판매관리비 ₩150과 단위당 폐기처분비용 ₩100이 의사결정시 고려할 관련원가가 된다. 정상적인 판매경로를 통해 판매할 경우 회사가 허용할 수 있는 최저판매가격을 P라 하면

	폐기처분시	정상판매시
수 익	0	P
비 용	100	150
이 익	− 100	P − 150
정상판매시		
증분수익	10개(P − 0) =	10P
증분비용	10개(150 − 100) =	500
증분이익		10P − 500

정상판매시 증분이익이 0보다 커야 하므로 10P − 500 〉0

곧 최저판매가격(P) = ₩50

<별해>

P − 150 ≥ − 100, 따라서 P ≥ ₩50

3\. 외부구입시

(1) 증분수익	i) 변동제조원가 감소(₩300×2,400개)	₩720,000
	ii) 변동판매비 감소(₩150×20%×2,400개)	72,000
	iii) 고정제조간접비 감소(₩50×2,400개×50%)	60,000
		₩852,000
증분비용	외부구입비용 P×2,400개	2,400P
증분이익		852,000 − 2,400P ≥ 0

(2) 외부구입을 하기 위해서는 외부구입시의 증분이익이 0보다 커야 하므로 지불할 수 있는 최대구입가격(P)은 ₩355이다.

P ≤ 355

4\. (1) 고정제조간접비 총액 = ₩120,000

신제품 단위당 고정제조간접비 = ₩100/개

신제품 생산판매량 = 120,000/100 = 1,200개

신제품의 영업이익 = 1,200개(900 − 700) − 1,200개(100 + 50) = 60,000

(2) 고정제조간접비 총액 ₩120,000을 신제품 영업이익 계산시 고려하였으며 신제품의 영업이익은 ₩60,000이므로 구제품의 영업이익이 −₩10,000이 넘으면 최소요구 연간 영업이익은 ₩50,000 이상이 된다.

(₩600 − P − 150×0.8)×2,400개 − 90×2,400개 ≥ − 10,000

그러므로 P ≤ 394.17

지불할 수 있는 단위당 최대가격은 ₩394.17이다.

<별해> 전체 손익계산서를 작성하면

매출 :	구제품 ₩600×2,400개		₩1,440,000
	신제품 ₩900×1,200개		1,080,000
			₩2,520,000
변동비	i) 구제품 구입비용 P×2,400	2,400P	
	ii) 구제품 변동판매비 ₩150×80%×2,400	288,000	
	iii) 신제품 제조원가와 변동판매비 (₩500 + 200)×1,200	840,000	2,400P + 1,128,000
공헌이익 :			1,392,000 − 2,400P
고정비 :	i) 구제품 고정판매비 ₩90×2,400	216,000	
	ii) 고정제조간접비	120,000	
	iii) 신제품 고정판매비 ₩50×1,200	60,000	396,000
영업이익 :			996,000 − 2,400P

996,000 − 2,400P ≥ 50,000이어야 하므로 최대구입가격 P ≤ 394.17이 된다.

5. (1) 단위당 전부원가

• DM	₩100
• DL	120
• VOH	80
• FOH	50
전부원가	350/단위

(2) 납품가격 : ₩350 × 1.1 = ₩385/단위

(3) 정부에 납품할 경우의 증분이익

Ⅰ. 증분수익 : 2,000개 × (385 − 300) =	₩170,000
− Ⅱ. 증분비용 :	−*
Ⅲ. 증분이익	₩170,000

* 정부에 대한 납품이 이루어지더라도 정규시장 판매분은 감소하지 않는다고 가정한다.

(4) 결론 : 증분이익이 0보다 크므로 정부에 대한 납품안을 수락하는 것이 유리하다.

[문8] 원가가산 가격결정(1)

1. 투자이익률이 18%이므로 예상투자이익 EI = ₩900,000 × 0.18 = 162,000이다. 총원가는 ₩1,030,000이므로 휴대폰 1,000단위에 대한 예상매출액은 ₩1,030,000 + 162,000 = ₩1,192,000

   ∴ 휴대폰의 판매가격 ₩1,192,000 ÷ 1,000 = ₩1,192

   참고로 마크업률은 1,030,000(1 + α) = ₩1,192,000 α = 15.7%

2. 마크업률을 α라고 하면, ₩750,000(1 + α) = ₩1,192,000

   ∴ α = 442,000 ÷ 750,000 = 0.5893 즉, 58.93%

3. 총원가는 ₩1,030,000이므로 휴대폰 1,000단위에 대한 예상매출액은 ₩1,030,000 + 162,000 = ₩1,192,000 ∴휴대폰의 판매가격 = ₩1,192

   참고로 마크업률은 ₩550,000(1 + α) = 1,192,000 α = 1.1673 즉, 116.73%

4. 마크업률을 α라고 하면, ₩450,000(1 + α) = ₩1,030,000

   ∴ α = 580,000 ÷ 450,000 = 1.2889 즉, 128.89%

<요점> 판매가격은 변동하지 않으나 가격설정의 기준이 되는 원가를 어떤 것으로 삼았는지에 따라서 마크업률은 변동한다.

[문9] 제품원가왜곡과 원가가산 가격결정(2)

1. 예산제조간접비

	부문 I		부문 II	
변동제조간접비	(₩8 × 37,500시간)	₩300,000	(₩4 × 37,500시간)	₩150,000
고정제조간접비		150,000		150,000
총제조간접비		₩450,000		₩300,000

두 부문의 총예산제조간접비 = ₩450,000 + ₩300,000 = ₩750,000
두 부문의 총예상직접노동시간 = 37,500시간 + 37,500시간 = 75,000시간
따라서
제조간접비배부율 = ₩750,000 ÷ 75,000시간 = ₩10/시간

2.

		모델 A		모델 B
전부제조원가		₩400		₩500
마크업	(₩400 × 15%)	60	(₩500 × 15%)	75
가 격		₩460		₩575

3.

	부문 I	부문 II
전부제조원가	₩450,000	₩300,000
직접노동시간	÷ 37,500시간	÷ 37,500시간
제조간접비배부율	₩12/시간	₩8/시간

4.

		모델 A		모델 B
직접재료비		₩160		₩260
직접노무비		140		140
제조간접비				
부문 I	(₩12 × 2시간)	24	(₩12 × 8시간)	96
부문 II	(₩8 × 8시간)	64	(₩8 × 2시간)	16
전부원가		₩388		₩512

5.

		모델 A		모델 B
전부제조원가		₩388		₩512
마크업	(₩388 × 15%)	58.2	(₩512 × 15%)	76.8
		₩446.2		₩588.8

6. 상수스테레오는 부문별 간접비배부율을 사용하여야 한다. 상수스테레오회사가 공장전체 제조간접비배부율을 이용할 경우 모델 A의 전부원가를 과대계상하고 모델 B의 전부원가는 과소계상하는 오류를 범하게 된다. 이는 모델 A의 가격을 과대책정하고 모델 B의 가격을 과소책정하는 결과를 초래하게 된다. 원가와 판매가격의 왜곡은 다음의 사실에 기인한다.
(1) 모델 A는 대부분의 생산시간이 시간당 원가가 낮은 부문 II에서 발생한다.
(2) 모델 B는 대부분의 생산시간이 부문 II보다 상대적으로 시간당 원가가 높은 부문 I에서 발생한다.

[문10] 가격결정, 제한된 자원하의 최적시설활용

주어진 자료를 바탕으로 관련내용을 요약하면 다음과 같다.

	엔진 수선반	타이어 수선반	변속기 수선반
A. 판매가격	₩65	₩27	₩235
−B. 표준변동비	35	7	163
C. 표준공헌이익	30	20	72
D. 표준소요시간*	1시간	1/4시간	3시간
* 고정제조간접배부율 정보로 갈음.			
E. 공헌이익/시간	30	80	24
∴ 포기순서	2	3	1
F. 연간예상수요	1,600시간	1,700시간	2,100시간
G. 여유시간	200시간	100시간	없음
H. 소음기설치시	400대	200대	

<기타자료>

1. 소음기 설치시간 : 0.5시간/대
2. 변동제조간접비 : ₩4/시간=₩2/대
3. 우선순위부여(계약조건상)
4. 부품공급가격 : ₩32

[물음 1]

소음기 수요	관련증분변동비	기회비용	최저가격
① 1개~600개	₩34	–	₩34
② 601개~4,200개	34	12	46
③ 4,201개~7,400개	34	15	49
④ 7,401개~10,800개	34	40	74
⑤ 10,800개 이상		–	

따라서

① 500개일 경우에는 ₩34 ② 1,500개일 경우에는 ₩46

③ 5,500개일 경우에는 ₩49 ④ 7,500개일 경우에는 ₩74

⑤ 11,500개일 경우에는 산출불가능

[물음 2] 동일가격의 적용과 무차별이익 실현의 최저가격은

소음기 수요	관련증분변동비	기회비용	최저가격
① 500개	₩34	–	₩34
② 1,500개	34	7.2*	41.6
* 900개 기회비용의 공동부담 : (450시간 × 24)/1,500 = 7.2			
③ 5,500개	34	11.4**	45.4
** 4,900개 기회비용의 공동부담 : (1,800시간 × 24 + 650시간 × 30)/5,500 = 11.4			
④ 7,500개	34	12.43***	46.43
*** 6,900개 기회비용의 공동부담 : (1,800시간 × 24 + 1,600시간 × 30 + 50시간 × 80)/7,500 = 12.69			
⑤ 11,500개		–	

Management Accounting

종합예산 06

단답식 개념문제

01. 예산의 기능을 크게 세 가지로 구분하면 **계획**기능과 동기부여 및 성과평가기능, **조정**기능으로 구분할 수 있다.

02. 고정예산과 달리 실제조업도가 예산조업도와 상이할 경우 바뀐 조업도를 감안하여 예산허용액을 별도로 작성하는 예산을 **변동**예산이라고 한다.

03. 생산공정이나 업무프로세스를 지속적으로 개선하지 않으면 안 된다는 인식하에 전종업원이 합심하여 현행방식의 지속적인 개선을 꾀하는 일본의 경영혁신의 대표적 기법을 적용한 예산편성을 **카이젠**예산편성이라고 한다.

[문1] 판매예측으로부터 판매예산을 작성하고 이어서 생산예산, 제조예산, 구매예산, 판매비 및 일반관리비 예산 및 현금예산 등 다양한 세부예산이 마련되기 때문이다. 차기의 제품 또는 서비스의 수요규모에 따라 모든 조직의 활동수준이 좌우되기 때문에 판매수요 예측은 예산편성의 초석이 된다.

[문2] ① 계획기능, ② 동기부여 및 성과평가기능, ③ 조정기능, ④ 승인기능

[문3] 판매예측이란 판매예산이 될 수도 있고 혹은 그렇지 않을 수도 있는 추정을 말한다. 경영자가 판매예측을 목표로서 수락하였을 때에만 비로소 예산이 되는 것이다. 요컨대 판매예산편성에 필요한 미래 수요규모를 추정하는 활동을 판매예측이라 하는 점에서 둘은 구분된다.

[문4] 예산프로그램의 두 가지 중요한 특징은 첫째, 동 프로그램을 개발하는 회계기법과 둘째, 그것을 운영하는 인간적 요소이다. 이 중 후자가 보다 중요하다. 예산시스템의 성공 여부는 동 예산에 의해 영향을 받는 회사구성원의 수용 정도에 달려 있다. 조직내 모든 책임수준에서 철저히 교육받고 협조적인 경영 그룹 없이는 예산은 효율적인 운영에 도움을 주기보다는 오히려 경영상의 자금을 소모하고 방해가 될 뿐이다.

[문5] ① 조직체계 및 각 부서의 성과에 대한 계획, 이 때 조직의 모든 경영자가 참가한 가운데 예측성과에 대한 합의가 필요함.

② 실제결과와 비교될 수 있는 평가기준(즉, 준거체계로서의 벤치마크) 및 특별한 기대의 제공

③ 실제결과와 예산과의 차이분석, 차이분석 후에 행동을 수정함.

④ 피드백정보와 환경의 변화를 고려한 재계획의 수립

[문6] ① 중간관리자에게 계획을 수립하도록 강요

② 의사소통과 조정을 촉진

③ 행동지침을 제공

④ 성과평가기준을 제공

[문7] 연속예산은 이미 경과된 한 달 또는 한 분기를 제거하고 장래의 한 달 또는 한 분기를 추가하여 새로이 일 년간 예산을 확보하여 경영자들이 현시점이 연초이든 연중이든 상관없이 다가올 12개월에 대하여 구체적으로 계속해서 숙고하도록 하는 전향적인 예산을 말한다. 한편, 추정재무제표는 예산과정을 통해 작성되는 재무제표를 말한다.

[문8] 예산은 계획수립과 수립된 계획을 구체적으로 실행하기 위한 통제목적을 동시에 갖고 있다. 예산의 가장 큰 장점은 계획과 실제의 불일치를 재빨리 간파하여, 후속적인 시정조치를 취할 수 있다는 데 있다. 예산을 무시하거나, 서류더미에 파묻혀 놓거나, 부적절하게 해석하는 것보다는 차라리 만들지 않는 것이 좋다.

[문9] 예산은 종업원들로 하여금 조직이 그들에게 기대하는 것이 무엇인가를 알림으로써 경영자의 요구에 맞게 행동할 수 있도록 하는 의사소통의 수단이 된다. 그러나 종종 이 기능은 제대로 발휘되지 못한다. 가령, 예산편성시 라인담당자의 참여가 제대로 이루어지지 못하거나 예산이 지나치게 성과평가를 강조하여 라인관리자가 이기적인 행동을 취하고 종업원 또한 반발을 일으키는 경우이다. 이 경우 예산은 오히려 기업에게 악영향을 미칠 수 있다. 이러한 문제점을 방지하기 위해서는 교육을 통해 예산의 장점을 강조하고 의사소통을 개선시켜야 한다.

[문10] 예산은 경영자로 하여금 계획을 수립하도록 강요한다. 따라서 위기 때마다 헤매기보다는 구체적인 예상하에 일을 추진할 수 있게 하기 때문에 원가-효익 분석에서 타당성이 입증되기 십상이다.

[문11] 종업원이 자신에게 부과된 목표를 받아들이지 않거나 예산편성 과정에서 위압감을 느낄 경우 예산의 중요성을 무시하게 된다. 또한 원가가 예산을 초과하여 발생하는 것을 무의미한 것으로 받아들이거나 자신의 목표달성이 용이하도록 여유가 많고 느슨한 예산을 편성하려고 할 것이다. 예산편성을 고의적으로 느슨하게 하는 방법은 판매량을 과소평가하거나 예상원가를 과대계산함으로써 가능한데 이러한 예산편성결과를 예산슬랙(budgetary slack)이라 한다.

[문12] 예산편성과정이 다음 연도에도 효과적으로 운영되기 위해서는 기본적으로 성과보고서를 통한 피드백이 이루어져야 한다. 피드백은 종업원들이 미래의 계획을 개선하기 위하여 필요한 수정이 무엇인지를 알게 할 뿐만 아니라 예산과 실적과

의 차이에 대한 원인을 조사함으로써 보다 나은 작업방법을 강구하는 등 조직구성원들에게 예산관리나 예산편성절차에 관심을 갖게 한다.

[문13] 제조기업이 아닌 상품매매업이나 서비스의 경우는 원재료를 가공하여 완제품을 생산할 필요가 없기 때문에 제조예산이나 제조원가 예산이 불필요하다. 따라서 소규모 판매기업이나 서비스기업은 종합예산 편성과정이 제조업보다는 쉽다고 할 수 있다. 그러나 대규모 비제조기업의 예산편성은 반드시 단순하게만 이루어지지는 않기 때문에 비제조기업 전부가 제조기업보다 쉽다는 주장은 타당하지 않다.

[문14] 그것은 현실성과 수용 가능성이다. 현금과 생산능력에 대한 제약조건을 고려하지 않는 가운데 작성된 예산안은 타당성을 갖지 못하며, 지나치게 많은 현금흐름과 이익을 예상한 계획안 역시 수용가능성이 낮다. 이러한 상황이 발생하면 판매예측, 제품생산, 표준원가, 제조공정, 생산설비, 유통경로, 재량고정원가와 자금조달 등을 변경하여 예산을 다시 편성하는 일이 필요하게 된다. 따라서 매년말 예산안이 작성되면 예산안을 수락하기 이전에 반드시 그 예산안의 타당성과 수용가능성을 평가해야 한다.

[문15] 프로젝트주기예산이란 프로젝트주기를 예산기간으로 삼아 작성하는 예산을 의미한다.

[문16] 예산은 그 성격에 따라 기업경영에 관련된 부문의 활동을 종합하는 단기계획 및 통제기능에 초점을 둔 운영예산 그리고 장기투자계획과 관련하여 필요한 고정시설의 구입 및 활용에 초점은 두는 자본예산으로 구분된다.

객관식

[문1] ④ 변동예산은 사후에 실제 조업도를 기준으로 분석하는 동태적 예산이다.

[문2] ① 변동예산은 여러 조업도에서의 예산으로 동태예산으로 볼 수 있다.

[문3] ⑤ 종합예산은 당초 예상한 활동수준에 기초한 예산으로 변동예산은 아니다.

<주> 보기 ①의 경우 당초 설정한 목표달성여부(즉, effectiveness) 평가에는 유용성을 갖지만 출제자의 의도는 변동예산에 비해 갖는 전반적 단점을 이해하는가를 테스트함에 있는 것 같음.

[문4] ④

	1월	2월	3월	4월
매 출 액	₩5,000	₩10,000	₩20,000	₩40,000
매출원가	4,000	8,000	16,000	32,000

3월

기초 16,000 × 20%	매출원가 16,000
x	기말 32,000 × 20%

x = ₩19,200

[문5] ②

차기예상원재료량	400,000단위(100,000 × 4)
차기말 예상원재료재고량	35,000단위
총필요량	435,000단위
차기초 원재료재고량	40,000단위
차기목표생산량	**395,000단위**

[문6] ③

제품A의 예산판매량	50,000kg
제품A의 기말재고증가량	5,000
원재료 예상소요량	55,000
원재료 재고량	0
원재료예상매입량	**55,000kg**

[문7] ① 20×4년도의 예산 매출원가가 ₩400,000이고, 기초재고가 ₩60,000, 기말예산재고가 ₩50,000이므로 ㈜홍익이 20×4년 동안 매입하여야 하는 인형은 ₩390,000이다.

[문8] ⑤

(1) 매 출
- 현금매출 70%
- 외상매출 30%
  - 판매한 달 회수 60%
  - 판매한 다음 달 회수 40%

(2)

3월 현금매출액	₩500,000×1.1×1.2×0.7 =	₩462,000
3월 중 외상매출금 회수액		
3월 외상매출액 중 회수액	₩500,000×1.1×1.2×0.3×0.6 =	118,800
2월 외상매출액 중 회수액	₩500,000×1.1×0.3×0.4 =	66,000
3월의 현금유입액		₩646,800

주관식

[문1] 구매예산 : 상기업(Ⅰ)

• 매출원가율은 60%임.

구매예산(상품구매금액) (단위 : 원)

	1월	2월	3월
매출원가	60,000	66,000	63,000
+희망기말재고(상품)	33,000*	31,500**	36,000
총소요원가	93,000	97,500	99,000
−기말상품재고	30,000	33,000	31,500
=예산구매액	63,000	64,500	67,500

다음 달 판매액의 50%를 보유함이 재고정책임.

[문2] 운영예산(구매예산 등)

1. 매출원가 : ₩700,000 × 0.8 = ₩560,000
2. 구매예산 : ₩400,000 × 0.8 × 0.4 + ₩700,000 × 0.8 × 0.6 = ₩464,000
3. 5월의 예산현금유입액

① 3월 매출채권회수액 :	₩800,000 × 0.2 × 0.6 =	₩96,000
② 4월 매출채권회수액 :	₩700,000 × 0.75 × 0.6 =	315,000
③ 5월 현금매출액 :	₩400,000 × 0.4 =	160,000
합 계		₩571,000

4. 6월말 현재 예산매입채무잔액

매입채무

당기지급	192,000	기 초 : 400,000 × 0.8 × 0.6 × 0.4 =	76,800
① 기 초 :	76,800	당기매입 :	
② 당기매입분 : 192,000 × 0.6 =	115,200	200,000 × 0.8 × 0.6 + 300,000 × 0.8 × 0.4 =	192,000
기 말	76,800		
	268,800		268,800

∴ 6월말 잔액 = (200,000 × 0.8 × 0.6 + 300,000 × 0.8 × 0.4) × 0.4 = ₩76,800

[문3] 구매예산 : 상기업(II)

1. 매출원가 = 매출액 × 매출원가율 = ₩16,000,000 × 0.65 = ₩10,400,000
2. 구매예산

매출원가	₩10,400,000
+ 기말재고(추정액)	+ 900,000
소요상품액	₩11,300,000
− 기초재고	− 750,000
상품구매액	₩10,550,000

3. 연말 외상매입금잔액 = ₩10,550,000 ÷ 12 = ₩879,167
4. 연간 예산현금지출액

상품구매액	₩10,550,000
+ 기초 외상매입금	+ 750,000
총현금지출소요액	11,300,000
− 기말 외상매입금	− 879,167
= 현금지출액	₩10,420,833

[문4] 구매예산 : 제조업(Ⅰ)

정답 : ₩2,480

(1) 제품생산량

제품(3월)

차변		대변	
✓월초	40	판매량	100
생산량	120	✓월말	60 (=120단위×0.5)
	160		160

제품(4월)

차변		대변	
✓월초	60	판매량	120
생산량	130	✓월말	70 (=140단위×0.5)
	190		190

(2) 직접재료 구입액

직접재료(3월)

차변		대변	
✓월초	2,000 (=100단위×₩20)	직접재료원가	2,400 (=120단위×₩20)
구입액	2,480	✓월말	2,080 (=130단위×₩20×0.8)
	4,480		4,480

[문5] 생산예산 및 구매예산(물량 및 금액) : 제조업

1. 생산예산(물량)

	1월	2월	3월
예산판매량(단위)	45,000	60,000	90,000
+희망기말재고	20,000	30,000	31,000
총소요량	65,000	90,000	121,000
-기초재품재고	10,000	20,000	30,000
=예산생산량	55,000	70,000	91,000
	× 4001bs	× 4001bs	× 4001bs
직접재료소요량	=22,000,0001bs	=28,000,0001bs	=36,400,000

2. 구매예산(원재료 소요물량과 금액) (단위 : 1,0001bs, 1,000원)

	1월	2월
생산소요량(1bs)	22,000	28,000
+희망기말재고(원재료)	7,000*	9,100**
총소요량	29,000	37,100
-기초원재료재고	5,500	7,000
=예산구매량(1bs)	23,500 × ₩10	30,100 × ₩10
예산구매액(금액)	₩235,000	₩301,000

* 28,000,0001bs × 1/4
** 36,400,0001bs(3월 소요량) × 1/4

[문6] 현금예산 : 상기업

(1) 1월 현금유입액

현금매출액		₩80,000
11월 외상매출 회수액		10,000
12월 외상매출 회수액	₩150,000* × 35% =	52,500
1월 외상매출 회수액	₩350,000 × 60% =	210,000
1월 현금유입액		₩352,500

* 12월 외상매출액 : ₩60,000 ÷ 40%

(2) 1월말 매출채권 잔액

12월 판매분	₩150,000 × 5% =	₩7,500
1월 판매분	₩350,000 × 40% =	140,000
1월 매출채권 잔액		₩147,500

[문7] 현금예산 : 매출채권잔액 추정

4월 = ₩170,000 × (1 − 0.1) × 0.1 + ₩150,000 × (1 − 0.1) × 0.5 = ₩82,800
5월 = ₩150,000 × (1 − 0.1) × 0.1 + ₩180,000 × (1 − 0.1) × 0.5 = ₩94,500
6월 = ₩180,000 × (1 − 0.1) × 0.1 + ₩200,000 × (1 − 0.1) × 0.5 = ₩106,200

[문8] 현금예산

1.

• 당월회수분		
− 현금할인분 : 250,000 × 0.1 × 0.98	=	₩24,500
− 비현금할인분 : 250,000 × 0.3 × 1.00	=	₩75,000
• 11월 매출분		
− 120,000 × 50/60	=	₩100,000
• 10월 매출분		
− 20,000 × 8/10	=	₩16,000
합 계		₩215,500

2. 매출채권계정의 대기(대변 기입)는 상기 회수분 + 현금할인 및 상각액

∴ ₩215,500 + 500 + 5,000(상각) = **₩221,000**

[문9] 제조원가예산 : 직접노무비

(1) 필요한 직접노무시간

분기	판매량	+ 기말재고량	− 기초재고량	= 생산량	필요한 직접노무시간 (생산량 × 0.35)
1	8,000	6,500 × 0.2	1,600	7,700	2,695시간
2	6,500	7,000 × 0.2	1,300	6,600	2,310시간
3	7,000	7,500 × 0.2	1,400	7,100	2,485시간
4	7,500	8,000 × 0.2	1,500	7,600	2,660시간

(2) 직접노무원가 예산

분기	직접노무원가 예산	
1	2,600시간 × ₩10 + 95시간 × ₩15 =	₩27,425
2	2,600시간 × ₩10 =	26,000
3	2,600시간 × ₩10 =	26,000
4	2,600시간 × ₩10 + 60시간 × ₩15 =	26,900
계		₩106,325

Management Accounting

불확실성하의 의사결정과 정보활용 07

단답식 개념문제

01. **예측오차**의 **원가**란 특정 여건적 상황이 발생할 경우 사전에 선택한 대안으로부터 기대되는 바와 동 상황에서의 최선의 대안으로부터 실현할 수 있었던 결과와의 차이를 의미한다.
02. **완전**정보의 **기대가치**(EVPI)는 기업이 가장 이상적인 상황하에서 이용할 수 있는 일종의 정보로서의 상한선을 의미한다.
03. 조건부 **손실표**(opportunity loss table)는 특정 여건적 상황하에서 최적대안 대신에 다른 대안을 택함으로써 상실하는 이익(기회원가)을 구하여 작성한다.
04. 사전적 확률을 사후적 확률로 변경할 때 적용하는 통계공식을 **베이지안**정리라고 부른다.

[문1] 기대값은 효용, 이익, 원가, 시간 등 다양한 형태로 표현될 수 있는 각 결과의 확률을 가중치로 사용한 그 결과들의 가중 평균값이다. 기대 화폐가치는 분석기간 동안의 결과를 화폐로 측정한 것으로 기대값의 특별한 경우이다.

[문2] 완전정보는 기업이 가장 이상적인 상황하에서 이용할 수 있는 일종의 정보로서의 상한선을 의미한다. 완전정보의 기대가치를 계산하게 되면 기업이 과연 추가비용을 들여 정보활용상의 제약을 해소할 만한 가치가 있는지를 원가-효익 분석 관점에서 판단할 수 있게 하기 때문이다.

[문3] ① 1단계: 어떤 사상이 발생할 것인지를 사전에 알았다고 전제했을 때의 최적행동이 무엇인지를 파악한다.
② 2단계: 완전정보 구입 후에 각 사상이 발생할 확률을 파악한다.
③ 3단계: 완전정보를 토대로 한 의사결정의 기대값을 계산한다.
④ 4단계: 기존의 정보를 근거로 하여 선호되는 행동의 기대값을 계산한다.
⑤ 5단계: 3단계에서 구한 값과 4단계에서 구한 값의 차이를 구하여 완전정보의 기대값을 계산한다.

[문4] 불확실성하의 의사결정이란 의사결정과 관련된 미래의 상황에 관한 정보를 거의

갖지 못한 경우의 의사결정상황을 그리고 위험하의 의사결정이란 미래의 상황에 관해 최소한 확률분포형태로 표시할 수 있을 정도로 정보를 갖고 있는 상황을 말한다. 이런 상황에서는 미래상황에 대한 불확실성을 확률로 표시하고 기대가치 개념을 이용하여 최적행동대안을 선택하는 것이 핵심이다. 그러나 실무에서는 위험과 불확실성을 구분하여 사용하기보다는 혼용하여 쓰는 것이 일반적이다.

[문5] ① 의사결정기준 : 최적대안을 선택하기 위한 판단기준을 의미하는 의사결정기준은 흔히 이익의 최대화 또는 최소화와 같은 계량적 목표로 표현된다.

② 선택대안 : 의사결정시점에서 선택후보로 고려될 수 있는 각 선택대안은 일명, 행동대안으로 불리는 영어의 action choice를 본따 흔히 a1, a2, …, am로 표시된다.

③ 여건적 상황 : 의사결정상황에서 일어날 수 있는 관련사건들의 집합을 말한다.

④ 확률 : 각 여건적 상황이 발생할 가능성을 나타낸다.

⑤ 결과 : 특정 대안과 여건적 상태의 결합으로 실현될 의사결정의 결과를 말한다.

[문6] 예측오차의 원가란 특정 여건적 상황이 발생할 경우 사전에 선택한 대안으로부터 기대되는 바와 동 상황에서의 최선의 대안으로부터 실현할 수 있었던 결과와의 차이를 의미한다. 예측오차의 원가는 다음과 같이 계산된다.

단계 1 : 현행정보를 이용하여 불확실한 변수의 실제 값을 파악하기 전에 최적의 사결정을 내린다.

단계 2 : 실제로 특정상황이 발생하는 경우, 이러한 특정상황의 발생을 사전에 알고 있었더라면 내렸을 최적의사결정을 파악한 후 의사결정의 실행으로 기대되는 결과치를 계산한다.

단계 3 : 단계 1에서 내린 사전적 최적의사결정으로부터 실현한 결과치를 계산한다. 이 때 명심할 점은 주요 변수에 대한 예측치가 바뀐 경우에는 바뀐 값이 적용되어 실제결과가 계산된다는 점이다.

단계 4 : 단계 2에서 구한 수치와 단계 3에서 구한 수치의 차이를 계산한다.

[문7] 조건부 손실표는 특정 여건적 상황하에서 최적대안 대신에 다른 대안을 택함으로써 상실하는 이익(기회비용)을 구하여 작성한다. 조건부손실표에 채워지는 각 상황과 대안간의 결합에서 발생하는 조건부 손실은 곧 예측오차의 원가를 의미한다. 한편, 각 대안별 가중평균 예측오차의 원가 중 가장 낮은 금액이 곧 완전정보의 기대가치와 일치한다.

[문8] 표본정보의 기대가치(EVSI)란 불완전정보의 기대가치를 의미한다. 표본(샘플)정보의 기대가치란 불완전한 정보를 추가적으로 획득하여 의사결정을 수행하는 경우의 기대결과치와 기존정보만을 가지고 의사결정을 수행하는 경우의 기대결과치와의 차이를 말한다.

[문9] EVSI도 EVPI처럼 0 또는 양(+)의 값을 갖는다. 왜냐하면 사전확률에 기초한 최적안으로부터 기대가능한 성과보다 비록 완전하지는 않지만 추가정보를 이용한 최적안의 기대성과가 크기 때문이다. 그러나 상식적으로 쉽게 예상할 수 있듯이

표본정보하의 기대가치(EVSI)는 완전정보의 기대가치(EVPI)보다는 작은 값을 갖는다.

[문10] 정보제공업체의 신뢰도가 높아질수록 베이지안 수정에 따른 사후확률값이 사전확률과 보다 큰 차이를 보이게 되어 EVSI 값은 커지게 된다. 한편, 샘플정보를 이용하기 전에 기대값의 차이로 본대안간의 차이가 확연할 경우에는 샘플정보로부터 구한 정보는 비록 그 신뢰도가 아무리 높다 하더라도 사전대안을 뒤집을 만큼 크지 않을 가능성이 높아 EVSI 값은 낮아질 것이다.

[문11] 정규분포를 이용하여 CVP 관계식($\pi = Q(P-V)-F$)의 핵심변수인 판매수요(Q)의 불확실성을 나타낼 경우 이익에 대한 값 역시 확률분포로 나타낼 수 있어서 각종 통계치(가령, 평균과 분산 및 특정수준 이상의 이익을 실현할 기대확률 등)를 이용할 수 있다는 장점을 갖는다. 단, 정규분포는 평균판매수량에서 표준편차만큼 좌우로 대칭하여 벗어난다는 기본적인 가정 때문에 (비록 그 확률은 낮더라도) 음(−)의 판매량이 실현될 수 있다는 그래프상의 한계를 갖는다. 이런 점에서 일부 학자는 음(−)의 판매수량을 생략하는 소위 절단된(truncated) 정규분포함수의 이용을 권하지만 이 경우 통계수치의 이용이 복잡하다는 단점을 갖는다.

[문12] 잘못된 상태를 그대로 방치함으로써 발생하는 기회비용에 대한 측정이다. 왜냐하면 차이조사를 실시하지 않더라도 미래에 우연히 공정사의 잘못이 밝혀질 경우에는 비정상상태를 그대로 방치함으로 인한 추가원가의 부담이 그렇지 않은 경우에 비해 (기간의 단축으로 인해) 줄어들 수 있는데 사전에 이를 예측하기가 쉽지 않다.

객관식

[문1] ②

EVSI(불완전정보의 기대가치)의 상한선은 완전정보의 기대가치(예, 신뢰도 100%)이며, 하한선은 ₩0이다.

[문2] ④

일반적으로 위험회피형 의사결정자의 정보가치는 위험중립형 의사결정자의 정보가치보다 크다. 왜냐하면 위험회피형 의사결정자는 불확실성을 상대적으로 더 싫어하므로 불확실성을 감소시켜주는 정보에 대해 더 많은 금액을 지불하기 때문이다.

[문3] ①

위의 보기는 모두 옳은 문장임. 기댓값을 최대화하는 최적의사결정대안은 곧 기대기회손실을 최소화하는 대안과 같은 개념이다.

[문4] ③

기대수요량 = 200개 × 0.2 + 300개 × 0.5 + 400개 × 0.3 = 310개

생산방식 A의 기대영업이익 = ₩(6 − 2) × 310 − 500 = ₩740

생산방식 B의 기대영업이익 = ₩(6 − 3) × 310 − 200 = ₩730

∴ 기대영업이익이 더 큰 생산방식 A를 선택한다. 이때의 기대영업이익은 ₩740 이다.

[문5] ②

제품수요와 생산방식에 따른 완전정보하의 성과표

생산방식	제품수요(사전확률) 200(0.2)	300(0.5)	400(0.3)	기대이익
A	₩4 × 200 − 500 = ₩300	₩4 × 300 − 500 = **₩700**	₩4 × 400 − 500 = **₩1,100**	**₩740**
B	₩3 × 200 − 200 = **₩400**	₩3 × 300 − 200 = **₩700**	₩3 × 400 − 200 = ₩1,000	₩730

∴ EVIP(완전정보의 기대가치) = ₩400 × 0.2 + ₩700 × 0.5 + ₩1,100 × 0.3 − ₩740 = ₩20

[문6] ③

원가차이조사 실시여부와 공정의 상태에 따른 성과표를 우선적으로 파악해야한다. 조사비용은 조사를 하게 되면 공정의 정상여부와는 관계없이 무조건 발생하고, 수정비용은 조사를 한 후 공정이 비정상일 경우에만 발생한다.

공정이 정상인 확률을 p라고 하면 성과는 다음과 같다.

대안 \ 상황	S_1(공정이 정상) $P(S_1) = P$	S_2(공정이 비정상) $P(S_2) = 1 - P$
a_1(차이조사 실시)	₩50,000 + ₩0 = ₩50,000	₩50,000 + 75,000 = ₩125,000
a_2(차이조사 미실시)	₩0 + ₩0 = ₩0	₩0 + ₩200,000 = ₩200,000

a_1이 선택되려면 $E(a_1) < E(a_2)$가 되어야 하므로 $E(a_1) < E(a_2)$인 확률 p를 찾아야 한다.

$50{,}000 \times p + 125{,}000 \times (1 - p) < 0 \times p + 200{,}000 \times (1 - p)$

$125{,}000p < 75{,}000 \quad \therefore p < 0.6$

[문7] ①

<힌트> EVPI는 정보가치의 상한선이며, 정보에 대해 지불하고자 하는 최대금액이다.

수요와 기계구입행태에 따른 성과표는 다음과 같다.

기계구입	수요(사전확률) 4,000(0.3)	8,000(0.7)	기대이익
갑 기계	**₩30,000**	₩50,000	₩44,000
을 기계	20,000	**80,000**	**₩62,000**

∴ 완전정보하의 기대가치 = ₩30,000 × 0.3 + ₩80,000 × 0.7 = ₩65,000

완전정보의 기대가치(EVPI) = ₩65,000 − 62,000 = ₩3,000

[문8] ③

구입량과 수요량에 따른 성과표는 다음과 같다.

구입량	수요량(사전확률)				기대이익
	10(0.1)	20(0.4)	30(0.4)	40(0.1)	
10	**₩6,000**	₩6,000	₩6,000	₩6,000	₩6,000
20	2,000	**12,000**	12,000	12,000	11,000
30	−2,000	8,000	**18,000**	18,000	**12,000**
40	−6,000	4,000	14,000	**24,000**	9,000

완전정보하의 기대가치

=₩6,000 × 0.1 + 12,000 × 0.4 + 18,000 × 0.4 + 24,000 × 0.1 = ₩15,000

그러므로 완전정보의 기대가치(EVIP) = ₩15,000 − 12,000 = ₩3,000

(EVIP = 완전정보하의 기대가치 − 정보가 없을 때의 기대가치)

[문9] ⑤

완전정보의 기대가치는 완전정보에 의한 미래의 상황별 최적안의 선택에 따른 기대가치와 완전정보를 사용하기 전의 사전확률에 의한 최적안의 기대가치 차이로서 위험중립형 의사결정자가 정보의 구입비용으로 지불할 수 있는 최대 금액이 된다.

주관식

[문1] EVPI, EOL(핫도그 문제)

1.

완전정보하의 기대이익 (₩50,000 × 0.2 + ₩80,000 × 0.3 + ₩110,000 × 0.4 + ₩140,000 × 0.1)	₩92,000
− 현행정보하의 기대이익	−75,000
완전정보의 기대가치(EVPI)	₩17,000

2. 기회손실표(opportunity loss table)

주문량	여건적 상황 판매량수준(사전확률)				기대기회손실금액 (EOL)
	200(0.2)	300(0.3)	400(0.4)	500(0.1)	
200	0	₩30,000	₩60,000	₩90,000	₩42,000
300	₩20,000	0	30,000	60,000	22,000
400	40,000	20,000	0	30,000	17,000
500	60,000	40,000	20,000	0	32,000

따라서 기대기회손실금액이 가장 작은 400개를 주문한다.

3. 위의 요구사항 2의 최적대안인 400개 주문시 기대기회손실금액(EOL)은 ₩17,000으로서 요구사항 1의 완전정보의 기대가치(EVPI)와 일치한다.

[문2] EOQ와 예측오차의 원가(〈부록7B〉)

먼저 예상주문비용과 실제주문비용에 근거한 각각의 EOQ와 유지비용을 구하면

예상주문비용하의 EOQ $= \sqrt{\dfrac{2 \cdot 1,000 \cdot 800}{40}} = 200$개,

총비용 $= \dfrac{1,000}{200} \times 800 + \dfrac{200 \times 40}{2} =$ ₩8,000

실제주문비용하의 EOQ $= \sqrt{\dfrac{2 \cdot 1,000 \cdot 1,250}{40}} = 250$개,

총비용 $= \dfrac{1,000}{250} \times 1,250 + \dfrac{250 \times 40}{2} =$ ₩10,000

실제총비용 $= \dfrac{1,000}{200} \times 1,250 + \dfrac{200 \times 40}{2} =$ ₩10,250

∴ 예측오차의 원가 = ₩10,250 − 10,000 = ₩250

[문3] EVPI(완전정보의 기대가치)

1. 성과표

	여건적 상황				
	총비용(사전확률)				
대 안	₩800,000 (0.1)	₩900,000 (0.3)	₩1,000,000 (0.4)	₩1,200,000 (0.2)	기대이익 (expected π)
입찰할 경우	₩200,000	₩100,000	0	(₩200,000)	₩10,000
입찰하지 않을 경우	0	0	0	0	0

따라서 입찰할 경우의 기대이익이 ₩10,000만큼 더 크므로 입찰한다.

2.

완전정보하의 기대이익(₩200,000 × 0.1 + ₩100,000 × 0.3 + 0 × 0.4 + 0 × 0.2)	₩50,000
− 현행정보하의 기대이익	− 10,000
완전정보의 기대가치(EVPI)	₩40,000

[문4] 불확실성하의 의사결정/원가차이조사

조사를 할 경우 발생하는 원가의 기대금액은 ₩44,000이며 조사하지 않을 경우 발생하는 원가의 기대금액은 ₩50,000이므로 조사를 하는 것이 바람직하다.

상 황	확 률	조사함		조사 안함	
		원 가	기대금액	원 가	기대금액
정상상태	0.9	₩40,000	₩36,000	−	−
이상상태	0.1	120,000	12,000	₩500,000	₩50,000
합 계	1		₩48,000		₩50,000

[문5] 샘플정보의 기대가치(EVSI)

(1) 성과표

대 안	여건적 상황 수요량(사전확률) 1,200개 (0.4)	2,000개 (0.6)	기대이익 (expected π)
M_1 구입	20 × 1,200 − 15,000 = ₩9,000	20×2,000 − 15,000 = ₩25,000	₩18,600
M_2 구입	24 × 1,200 − 21,000 = ₩7,800	24×2,000 − 21,000 = ₩27,000	₩19,320

현행정보하의 기대이익이 더 높은 M_2기계를 구입한다.

(2) 사후확률의 계산

R_1 = 비관적 보고서, 즉 수요량(X) = 1,200(S_1)

R_2 = 낙관적 보고서, 즉 수요량(X) = 2,000(S_2)라고 가정하자.

상 황	사전확률	조건부확률 R_1	조건부확률 R_2	결합확률 R_1	결합확률 R_2
S_1 = 1,200개	0.4	$P(R_1 \mid S_1) = 0.8$	$P(R_2 \mid S_1) = 0.2$	0.4×0.8 = 0.32	0.4×0.2 = 0.08
S_2 = 2,000개	0.6	$P(R_1 \mid S_2) = 0.2$	$P(R_2 \mid S_2) = 0.8$	0.6×0.2 = 0.12	0.6×0.8 = 0.48
				0.44	0.56

사후확률

$$P(S_1 \mid R_1) = \frac{0.32}{0.44} = 0.727 \qquad P(S_1 \mid R_2) = \frac{0.08}{0.56} = 0.143$$

$$P(S_2 \mid R_1) = \frac{0.12}{0.44} = 0.273 \qquad P(S_2 \mid R_2) = \frac{0.48}{0.56} = 0.857$$

(3) 불완전정보하의 기대가치

① 비관적 보고서(R_1)를 받은 경우

EV(M_1) = ₩9,000 × 0.727 + ₩25,000 × 0.273 = ₩13,368 ← 최적

EV(M_2) = ₩7,800 × 0.727 + ₩27,000 × 0.273 = ₩10,342

② 낙관적 보고서(R_2)를 받은 경우

EV(M_1) = ₩9,000 × 0.143 + ₩25,000 × 0.857 = ₩22,712

EV(M_2) = ₩7,800 × 0.143 + ₩27,000 × 0.857 = ₩24,254 ← 최적

(4) EVSI

불완전정보하의 기대이익(₩13,368 × 0.44 + ₩24,254 × 0.56)	₩19,464
− 현행정보하의 기대이익	− 19,320
불완전정보의 기대가치(EVSI)	₩144

[문6] 대안적인 제품설계간의 선택, 수요의 불확실성, 기대화폐가치

1. 단위당 공헌이익

	모델 A	모델 B	모델 C
판매가격	₩540	₩540	₩540
단위당 변동비	₩430	₩415	₩422
단위당 공헌이익	₩110	₩125	₩118

2.

	모델 A	모델 B	모델 C
단위당 공헌이익	₩110	₩125	₩118
적은 수요(20,000단위)			
총공헌이익	₩2,200,000	₩2,500,000	₩2,360,000
고 정 비*	3,000,000	4,500,000	4,100,000
영업이익	₩(800,000)	₩(2,000,000)	₩(1,740,000)
중간수요(80,000단위)			
총공헌이익	₩8,800,000	₩10,000,000	₩9,440,000
고 정 비	3,000,000	4,500,000	4,100,000
영업이익	₩5,800,000	₩5,500,000	₩5,340,000
많은 수요(120,000단위)			
총공헌이익	₩13,200,000	₩15,000,000	₩14,160,000
고 정 비	3,000,000	4,500,000	4,100,000
영업이익	₩10,200,000	₩10,500,000	₩10,060,000

* 개발비용 ₩1,500,000은 기발생원가이므로 비관련원가이다.

3. 모델 A가 기대화폐가치가 가장 크므로 선택되어야 한다.

구분	기대화폐가치
모델 A	₩4,810,000
모델 B	4,375,000
모델 C	4,278,000

	상 황	결 과	확 률	기대영업이익
모델 A	20,000단위	₩(800,000)	0.25	₩(200,000)
	80,000단위	5,800,000	0.60	3,480,000
	120,000단위	10,200,000	0.15	1,530,000
				₩4,810,000
모델 B	20,000단위	₩(2,000,000)	0.25	₩(500,000)
	80,000단위	5,500,000	0.60	3,300,000
	120,000단위	10,500,000	0.15	1,575,000
				₩4,375,000
모델 C	20,000단위	₩(1,740,000)	0.25	₩(435,000)
	80,000단위	5,340,000	0.60	3,204,000
	120,000단위	10,060,000	0.15	1,509,000
				₩4,278,000

[문7] 정보경제학과 관련원가분석 : EVPI + EVSI

1. 특별주문의 수락 여부

(1) 자료요약

	정규판매	특별주문
단위당 판매가격	₩10	₩7
단위당 변동비	6	6
단위당 공헌이익	₩4	₩1
유휴설비능력의 대체적 용도(기회원가)		₩45,000

(2) 성과표

대 안	상 황(확률)		기대가치(EV)
	X_1=35,000단위(0.4)	X_2=50,000단위(0.6)	
A_1 수락	₩35,000*	₩50,000	₩44,000**
A_2 거절	₩45,000	₩45,000	₩45,000

X_1, X_2 = 수요량

* 35,000단위 × ₩1 = ₩35,000

** (₩35,000 × 0.4) + (₩50,000 × 0.6) = ₩44,000

(3) 의사결정 : 특별주문을 거절하는 것이 유리하다.

2. EVPI

(1) 완전정보하의 기대가치

(₩45,000 × 0.4) + (₩50,000 × 0.6) = ₩48,000

(2) 기존정보하의 기대가치 = ₩45,000

EVPI[= (1) − (2)] = ₩3,000

3. EVSI

(1) 결합확률(= 사전확률 × 조건부확률)

	상 황 (확률)				
	X_1 = 35,000		X_2 = 50,000		
	(0.4)		(0.6)		결합확률
보고서 R_1	0.7	0.28	0.3	0.18	0.46
R_2	0.3	0.12	0.7	0.42	0.54
					1.00

(2) 사후확률(베이지안정리에 대한 확률의 수정)

보고서 R_1 :

$P(X_1 \mid R_1) = 0.28/0.46 = 0.61$

$P(X_2 \mid R_1) = 0.18/0.46 = 0.39$

보고서 R_2 :

$P(X_1 \mid R_2) = 0.12/0.54 = 0.22$

$P(X_2 \mid R_2) = 0.42/0.54 = 0.78$

(3) 요약

	상　황 (확률)	
	$X_1 = 35{,}000$	$X_2 = 50{,}000$
보고서 R_1	0.61	0.39
R_2	0.22	0.78
대안(특별주문)		
A_1 수락	₩35,000	₩50,000
A_2 수락	₩45,000	₩45,000

(4) EVSI

1) 사후확률에 의한 기대가치

보고서 R_1 :

EVA_1 = (₩35,000 × 0.61) + (₩50,000 × 0.39) = ₩40,850

EVA_2 = = ₩45,000

따라서 A_2를 선택(특별주문 거부)하여야 한다.

보고서 R_2 :

EVA_1 = (₩35,000 × 0.22) + (₩50,000 × 0.78) = ₩46,700

EVA_2 = = ₩45,000

따라서 A_1를 선택(특별주문 수락)하여야 한다.

2) ① 표본정보하의 기대가치

(₩45,000 × 0.46) + (₩46,700 × 0.54) = ₩45,918

② 기존정보하의 기대가치 = ₩45,000

따라서 표본정보의 기대가치 = ₩918

[문8] 불확실성하의 최적의사결정 : 예측정보가치

I. 사전정보하의 최적 선택

제품A의 기대이익 ₩1,080 (= ₩1,200 × 0.6 + ₩900 × 0.4)

제품B의 기대이익 950 (= ₩850 × 0.6 + ₩1,100 × 0.4)

II. 외부 경제연구소의 보고하의 최적선택 및 기대이익

(1) R1 보고시 (Pr: 0.56) 최적대안의 기대영업이익은 ₩1,157

(2) R2 보고시 (Pr: 0.44) 최적대안의 기대영업이익은 ₩1,032

따라서 기대이익 = ₩1,157 × 0.56 + ₩1,032 × 0.44

= ₩1,102

(결론) EVSI = ₩1,102 − ₩1,080 = **₩22**

<주> EVSI 계산시 맨 마지막 단계는 각 보고서(R)가 제시될 확률과 동 보고시 최적 대안의 기대값의 결합으로 최종 기대값을 계산한 후 사전 최적대안의 기대값과 비교하는 식으로 이루어진다.

[문9] 원가차이조사(1) : 〈부록 7A〉

조사비용을 I라 하면

	정상상태(70%)	비정상상태(30%)
A_1 : 조사함	I	I + ₩1,500,000
A_2 : 조사 안 함	O	₩6,000,000

조사할 때의 기대비용이 조사하지 않을 대의 기대비용보다 적어야만 조사를 하게 된다.

E(A_1) = I × 0.7 + (I + ₩1,500,000) × 0.3

E(A_2) = 0 × 0.7 + ₩6,000,000 × 0.3

E(A_1) 〈 E(A_2) 이어야 하므로

I × 0.7 + (I + ₩1,500,000) × 0.3 < ₩6,000,000 × 0.3

I < ₩1,350,000

[문10] 불확실성하의 의사결정 : EVSI + CVP분석

1. 단위당 공헌이익

	A기계	B기계
단위당 판매가격	₩400	₩500
- 단위당 변동비	200	100
단위당 공헌이익	₩200	₩400

성과표

대 안	호경기 3,000단위(0.7)	불경기 1,000단위(0.3)	기대이익 (expected π)
A기계	₩200×3,000 - ₩150,000 = ₩450,000	₩200×1,000 - ₩150,000 = ₩50,000	₩330,000
B기계	₩400×3,000 - ₩400,000 = ₩800,000	₩400×1,000 - ₩400,000 = ₩0	₩560,000

따라서 기대이익이 더 큰 B기계(완전자동기계)를 선택한다.

2.

완전정보하의 기대이익(₩800,000 × 0.7 + ₩50,000 × 0.3)	₩575,000
- 현행정보하의 기대이익	- 560,000
완전정보의 기대가치(EVPI)	₩15,000

3. ① 조건부확률

R_1 = 비관적 보고서, 즉 호경기 D = 3,000단위(S_1)

R_2 = 낙관적 보고서, 즉 불경기 D = 1,000단위(S_2)

$P(R_1 \mid S_1) = 0.9$ $P(R_1 \mid S_2) = 0.2$

$P(R_2 \mid S_1) = 0.1$ $P(R_2 \mid S_2) = 0.8$

② 결합확률 : $P(R_j) = \sum P(R_j \mid S_i) \cdot P(S_i)$

$P(R_1) = 0.7 \times 0.9 + 0.3 \times 0.2 = 0.69$

$P(R_2) = 0.7 \times 0.1 + 0.3 \times 0.8 = 0.31$

③ 사후확률 : $P(S_i \mid R_j) = \dfrac{P(R_j \mid S_i) \cdot P(S_i)}{P(R_j)}$

$P(S_1 \mid R_1) = \dfrac{0.9 \times 0.7}{0.69} = 0.9130 \qquad P(S_1 \mid R_2) = \dfrac{0.1 \times 0.7}{0.31} = 0.2258$

$P(S_2 \mid R_1) = \dfrac{0.2 \times 0.3}{0.69} = 0.0870 \qquad P(S_2 \mid R_2) = \dfrac{0.8 \times 0.3}{0.31} = 0.7742$

④ 보고서별 최적대안

<낙관적 보고서를 받은 경우>

EV(A) = ₩450,000 × 0.9130 + ₩50,000 × 0.0870 = ₩415,200

EV(B) = ₩800,000 × 0.9130 + 0 × 0.0870 = ₩730,400 ← 최적

<비관적 보고서를 받은 경우>

EV(A) = ₩450,000 × 0.2258 + ₩50,000 × 0.7742 = ₩140,320

EV(B) = ₩800,000 × 0.2258 + 0 × 0.7742 = ₩180,640 ← 최적

⑤ EVSI

불완전정보하의 기대가치(₩730,000 × 0.69 + ₩180,640 × 0.31)	₩559,974
− 현행정보하의 기대이익	− 560,000
불완전정보의 기대가치	₩(26)

따라서 EVSI = 0

(주) 상기의 (26) 수치는 네 자리 확률수치를 이용함에 따른 정상적인 오차에 해당함.

4. 두 기계의 제품판매가격이 ₩500으로 동일하므로 단위당 공헌이익과 손익분기점은 다음과 같이 구할 수 있다.

	A기계	B기계
단위당 판매가격	₩500	₩500
단위당 변동비	200	100
단위당 공헌이익	₩300	₩400
고정비	₩150,000	₩400,000
손익분기점판매량	$\dfrac{₩150,000}{₩300}$ = 500개	$\dfrac{₩400,000}{₩400}$ = 1,000개
평균판매량	1,000개	1,600개
표준편차	125개	300개

판매량이 정규분포를 나타내므로 Z값 $\left(= \dfrac{\text{목표판매량} - \text{평균판매량}}{\text{판매량의 표준편차}} \right)$을 구하여 손익분기점 이상의 이익을 실현할 확률을 구할 수 있다.

① A기계(반자동기계)

$$P(Q>500)=P\left(Z>\frac{500-1{,}000}{125}\right)=P(Z>-4)$$

② B기계(완전자동기계)

$$P(Q>1{,}000)=P\left(Z>\frac{1{,}000-1{,}600}{300}\right)=P(Z>-2)$$

<A기계>

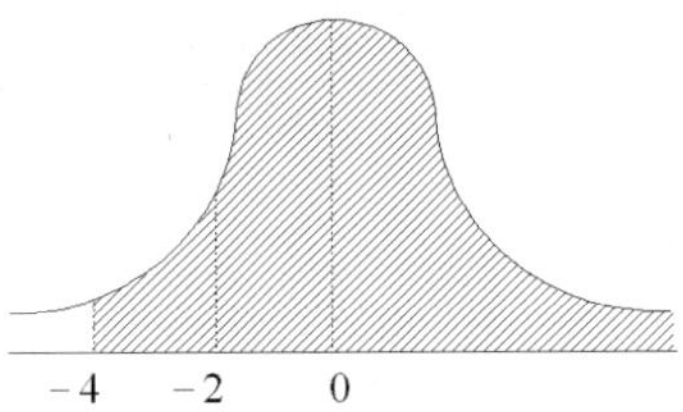

<B기계>

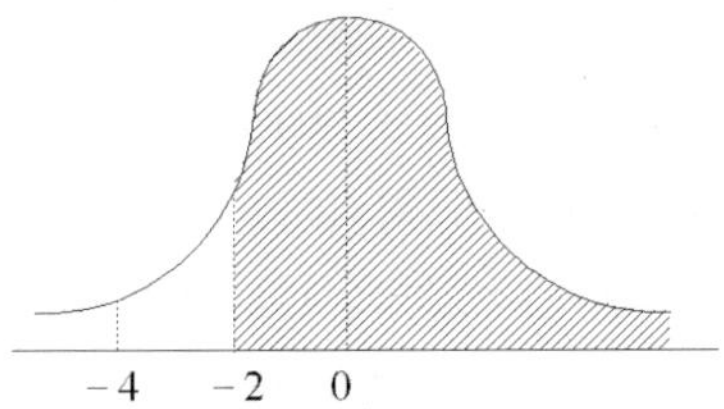

따라서 A기계(반자동기계)가 손익분기점 이상의 이익을 실현할 확률이 더 크다.

5. ₩150,000의 이익을 실현하기 위한 판매량

A기계 : (₩150,000 + ₩150,000)÷₩300 = 1,000개

B기계 : (₩400,000 + ₩150,000)÷₩400 = 1,375개

① A기계(반자동기계)

$$P(Q>1{,}000)=P\left(Z>\frac{1{,}000-1{,}000}{125}\right)=P(Z>0)$$

② B기계(자동기계)

$$P(Q>1{,}375)=P\left(Z>\frac{1{,}375-1{,}600}{300}\right)=P(Z>-0.75)$$

<A기계>

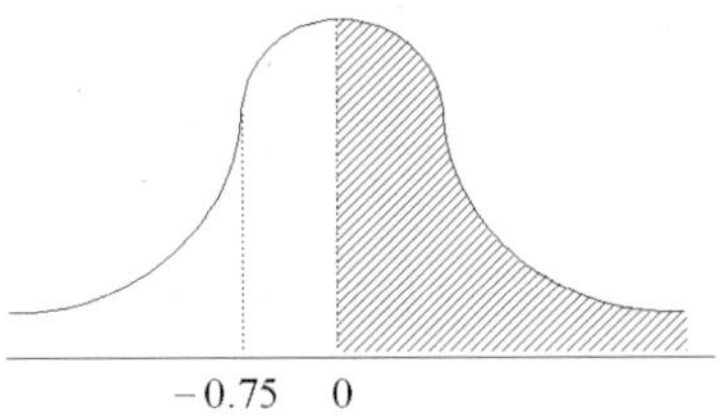

<B기계>

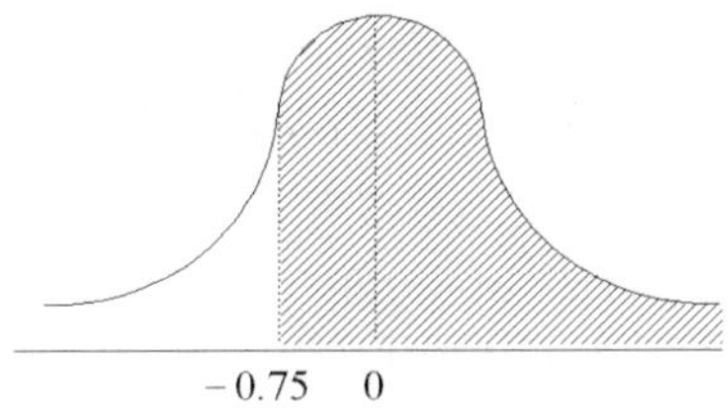

따라서 ₩150,000 이상의 이익을 실현할 확률은 B기계(완전자동기계)가 더 크다.

[문11] 원가차이조사(2) : 〈부록 7A〉

1. 일단 검사를 실시하면 ₩8,000이 소요된다. 한편, 이상상태에 있는 것으로 밝혀지면 추가로 ₩4,000이 소요되는데 ₩4,000의 추가원가가 투입될 확률은 0.3이다.
₩8,000 + ₩4,000 × 0.3 = ₩9,200
한편, 다음과 같이 생각해도 된다. 검사원가만 발생할 확률은 0.7이고 검사원가와

조정원가가 모두 발생할 확률은 0.3이다. 따라서

(₩8,000 × 0.7) + (₩12,000 × 0.3) = ₩9,200

2. 이상상태시의 총제조원가 : [(₩32 × 60%) + (₩30 × 40%)] × 100,000kg = ₩3,120,000
   정상상태시의 총제조원가 : [(₩32 × 50%) + (₩30 × 50%)] × 100,000kg = ₩3,100,000
   따라서 ₩20,000임.
3. 밸브가 이상상태에 있을 확률을 P라 하면, 비검사시의 기대원가는 (₩20,000 × P)이고 검사시의 기대원가는 (₩8,000 + ₩4,000 × P)이다.
   따라서 $20{,}000P \geq 8{,}000 + 4{,}000P$
   $\therefore P \geq 0.5$

Management Accounting

책임회계제도 08

단답식 개념문제

01. 책임회계(responsibility accounting)란 조직내에 여러 가지 의사결정중심점을 설정하여 두고, 그 의사결정에 대하여 일차적인 책임을 지는 경영자를 중심으로 활동결과를 측정하여 성과평가가 제대로 이루어지도록 성과보고서의 체계를 갖추는 회계제도이다.
02. 이익중심점(profit center)은 수익 및 비용의 양자를 관리하는 가운데 이들 차액인 이익에 대해 책임을 지는 조직단위이다.
03. 복수제품을 취급하는 경우 매출차이의 분석은 판매가격차이와 판매수량차이에 판매믹스차이(sales mix variance)가 추가되어 이루어진다.
04. 원가차이는 실제원가가 허용원가보다 작은 경우에는 유리한 차이(favorable variance)로, 그리고 반대로 실제원가가 허용원가를 상회하는 경우에는 불리한 차이(unfavorable variance)로 평가된다.
05. 목표일치성(goal congruence)이란 조직내에서 상이한 명칭을 갖는 가운데 조직목적 달성에 필요한 특정 경영기능이나 과업수행의 책임을 지는 조직단위 책임자들이 추구하는 목표와 조직의 목표가 일치하는 경우를 말한다.

[문1] 책임중심점이란 조직내의 각 구성원의 한계를 명백히 구분할 수 있는 부서이다. 책임중심점의 유형에는 ① 원가중심점, ② 수익중심점, ③ 이익중심점, ④ 투자중심점이 있다.

[문2] 통제가능원가란 일정기간 동안에 특정 관리자가 절대적으로 또는 직접적으로 영향을 미칠 수 있는 원가를 뜻한다. 통제가능원가를 판단하는 데 도움을 주는 두 요소는 ① 관리자의 책임범위, ② 고려되는 기간범위이다.

[문3] 아니다. 책임회계의 주목적은 책임추구에 있는 것이 아니라 정보를 가장 잘 아는 사람으로부터 얻기 위한 것이다. 책임회계제도를 통제의 수단으로 오용하지 말고, 통제의 수단으로 이해되지도 말아야 하며, 인적 통제행사능력과 상관없이 누가 특정사건에 대해 가장 잘 설명할 수 있는지, 즉 효율적인 정보와 지식을 활용할

수 있는 제도가 되어야 한다.

[문4] 최고경영자는 관리자의 행동이 변화하기를 원할 경우 통제 불가능한 항목도 성과 보고서에서 포함시키기도 한다. 예를 들면, 원가중심점을 이익중심점으로 변경할 경우 제조부문관리자는 자신이 "통제 불가능한" 판매인력에 대한 태도를 바꾸게 될지도 모른다.

[문5] 통제가능성기준과 추적가능성기준이다. 통제가능성이란 특정관리자가 원가 또는 수익 등 관심대상항목에 대해 영향력을 미칠 수 있는 정도를 의미한다. 추적가능성이란 책임수행의 결과로 발생하는 수익 또는 비용을 추적하여 해당 조직단위에 귀속시킬 수 있음을 의미한다.

[문6] 판매가격차이와 판매수량차이이다. 판매가격차이는 실제판매수량이 정해진 상태에서 판매가격의 변화가 판매수익에 미치는 영향을 측정하는 항목으로 [(실제판매가격 − 예산판매가격) × 실제판매수량]으로 계산된다. 판매수량차이는 판매가격에는 변화가 없었다고 가정할 때 판매수량의 차이가 판매수익에 미치는 정도를 측정하는 차이항목으로 [(실제판매수량 − 예산판매수량) × 예산판매가격]으로 계산한다.

[문7] 수익추적과 수익배분이다. 수익추적은 수익을 제품, 서비스, 고객, 유통채널 등과 같은 수익대상에 직접적으로 그리고 효율적으로 추적·부과하는 것을 그리고 수익배분은 여러 제품이 함께 판매되어 개별 품목별로 수익을 추적할 수 없는 경우에 공통수익을 제품간에 나누는 것을 말한다.

[문8] 판매부문의 성과평가는 효율성에 초점을 두는 생산부문의 보고서와 달리 당초 목표한 매출을 실현했는가의 여부, 즉 효과성에 초점을 맞춘다.

[문9] ① 판매수량의 증감
② 판매가격의 증감
③ 판매활동에 소요되는 원가의 변동

[문10] ① 주문획득원가 : 주문비(서류작성, 검사비), 판촉비
② 주문이행원가 : 물류비, 창고비 등

[문11] 한 가지 제품만을 판매하는 경우 믹스차이는 존재하지 않고 복수의 제품을 취급하는 경우 판매믹스차이가 추가된다. 판매수량차이는 [(실제판매수량 − 예산판매수량) × 예산판매가격]으로 계산되고, 판매믹스차이는 실제판매믹스비율과 예산믹스비율의 차이가 총수익에 미치는 효과를 실제판매수량과 예산가격을 토대로 계산한다.

[문12] 예산판매믹스에 예산가격을 적용하여 계산되는 예산평균가격보다 낮은 예산가격의 제품이 더 팔린 경우 불리한 경우로 판정된다. 저가품의 판매비중이 높아지면 가중평균판매가격이 낮아지기 때문이다. 이런 논리를 확대하여 평균보다 높은 판매가격의 제품의 판매비율이 늘어나면 유리한 경우로 그리고 저가품의 판매비율이 낮아지면 유리한 차이로 판정한다.

[문13] ① 평균보다 높은 공헌이익의 제품을 예산보다 더 많이 팔았을 때와 ② 평균보다 낮은 공헌이익의 제품을 예산보다 더 적게 팔았을 때이다.

[문14] ① 평균임률보다 높은 임률의 인력을 예산보다 더 많이 활용했을 때와 ② 평균보다 낮은 임률의 인력을 예산보다 더 적게 활용했을 때이다.

객관식

[문1] ① 일반적으로 고정제조간접원가는 책임중심점 관리자의 입장에서는 통제불능원가이므로 성과평가시 고려해서는 안 된다. 물론, 통제가능한 직접고정제조원가(즉, 추적하여 책임단위에 귀속가능한)는 성과평가시 고려된다.

[문2] ③

[문3] ②. ③은 고정원가, ④는 변동원가에 대한 설명이다.

[문4] ② 직접재료비 구입가격차이는 구입량을 기초로, 능률차이는 투입량을 기초로 계산된다.

[문5] ③

예산매출배합비율 A : B = 144 : 36 = 4 : 1 = 80% : 20%

실제매출배합비율 A : B = 126 : 84 = 1.5 : 1 = 60% : 40%

A의 예산공헌이익 = 6 − 4 = 2

B의 예산공헌이익 = 10 − 6 = 4

평균예산공헌이익 = [(2 × 144) + (4 × 36)] / 180 = 2.4

판매믹스차이 (방법#1 : 믹스비율법 중에서 예산가격과 예산평균가격 대신 예산공헌이익과 예산평균공헌이익을 사용한다.)

= Σ[(실제비율 − 예산비율) × 실제총판매량 × (예산공헌이익 − 예산평균공헌이익)]

= (0.6 − 0.8) × 210 × (2 − 2.4) + (0.4 − 0.2) × 210 × (4 − 2.4)

= 16.8 + 67.2 = 84(유리)

[문6] ④

	AQ × SP		실제투입량계 × 표준배합비율 × 표준가격		SQ × SP	
고급 :	220 × ₩20 =	₩4,400	380 × 0.5 × ₩20 =	₩3,800	200 × ₩20 =	₩4,000
저급 :	160 × ₩12 =	1,920	380 × 0.5 × ₩12 =	2,280	200 × ₩12 =	2,400
계	380	₩6,320	380	₩6,080		₩6,400

배합차이 240(불리)　　수율차이 320(유리)

<별해>

	AQ × SP 실제투입량 × 표준가격		실제투입량계×표준배합비율×표준가격	SQ × SP 표준투입량 × 표준가격
고급 :	220 × ₩20 =	₩4,400	실제투입량계 ↑	표준투입량계 ↑
저급 :	160 × ₩12 =	1,920		
계	380	₩6,320	380 × ₩16 = ₩6,080	400 × ₩16 = ₩6,400

₩16 ← ₩20 × 0.5 + ₩12 × 0.5

[문7] ③

- 실제 소비수량에 대한 표준배합비율 ;

  A : 5,400g × 5/8 = 3,375g

  B : 5,400g × 3/8 = 2,025g

- 배합차이 ;

  A : (3,400g − 3,375g) × 80원 = 2,000원(불리)

  B : (2,000g − 2,025g) × 60원 = 1,500원(유리)

- 수율차이 ;

  A : (3,375g − 2,500g) × 80원 = 70,000원(불리)

  B : (2,025g − 1,500g) × 60원 = 31,500원(불리)

[문8] ⑤

[공헌이익]

	변동예산 실제판매량 × 단위당 예산공헌이익		실제판매량계×예산배합비율×단위당 예산공헌이익		고정예산 실제판매량 × 단위당 예산공헌이익	
P:	500단위 × ₩20 =	₩10,000	2,500단위 × 0.4 × ₩20 =	₩20,000	800단위 × ₩20 =	₩16,000
Q:	2,000단위 × ₩4 =	8,000	2,500단위 × 0.6 × ₩4 =	6,000	1,200단위 × ₩4 =	4,800
계	2,500단위	₩18,000	2,500단위	₩26,000		₩20,800

매출배합차이 8,000(불리)　　매출수량차이 5,200(유리)

주관식

[문1] 변동예산과 성과평가

1. 요점 : 예산생산량인 28,000개에 비해서 실제생산량이 32,000개로 늘어났기 때문에 당초 예산과를 비교할 경우 불리한 차이를 보이게 마련이다. 변동비는 생산량에 따라 변화하기 때문에 당연하다. 이런 점에서 아래와 같은 단위당 원가정보를 토대로 32,000개에 적용되는 변동예산(flexible budget)을 작성해야 한다.

2. 변동원가항목을 대상으로 단위당 예산금액을 구하면 다음과 같다.

직접재료비(DM)	₩3(=₩84,000 ÷ 28,000개)
직접노무비(DL)	5(=₩140,000 ÷ 28,000개)
변동제조간접비	2(=₩56,000 ÷ 28,000개)

홍익(주) 생산부문 성과보고서

	실 제	변동예산	차 이
수 량	32,000	32,000	
제조원가			
직접재료비	₩89,600	₩96,000*	₩6,400F
직접노무비	165,000	160,000**	5,000U
변동제조간접비	64,000	64,000***	0
고정제조간접비	27,500	28,000****	500F
총 계	₩346,100	₩348,000	₩1,900F

* ₩3 × 32,000개

** ₩5 × 32,000개

*** ₩2 × 32,000개

**** 예산의 것 그대로 가져옴.

[문2] 매출액 차이

1. 판매가격차이 = (AP − BP) × AQ = (₩26 − ₩25) × 150 = ₩150(F)

   판매수량차이 = (AQ − BQ) × BP = (150 − 120) × ₩25 = ₩750(F)

2.

예산수익	₩3,000
판매가격차이	150(F)
판매수량차이	750(F)
실제수익	₩3,900

3. 순판매수량차이 = (AQ − BQ) × BCM = (150 − 120) × ₩5 = ₩150(F)

4.

예산공헌이익(표준원가기준)	₩600
판매가격차이	150(F)
순판매수량차이	150(F)
실제공헌이익	₩900

[문3] 예산 및 실제 매출총이익의 조정

1. 주어진 자료를 이용하면 2019년과 2020년의 판매가격은 각각 ₩4(=₩720,000/180,000개), ₩5(=₩750,000/150,000개)이다.

매출액	(2019년)	₩720,000
판매가격차이	[(₩5 − ₩4) × 150,000]	150,000(F)
판매수량차이	[(150,000 − 180,000) × ₩4]	120,000(U)
매출액	(2020년)	₩750,000

2. 매출원가는 상기업의 경우 변동비에 해당한다.

	2020년	2019년
매출원가	₩525,000	₩576,000
판매수량	÷150,000	÷180,000
단위당 매출원가	₩3.5	₩3.2

따라서 단위당 예산매출총이익(GM)*

=(2019년 단위당 가격－2019년 단위당 매출원가)

=(₩4.00－₩3.2)=₩0.8

* 때로는 공헌이익(CM) 대신에 매출총이익(GM)이 분석에 이용된다.

매출총이익	(2019년)	₩144,000
매출가격차이	[(₩5－₩4) × 150,000]	150,000(F)
순판매수량차이	[(150,000－180,000) × ₩0.8]	24,000(U)
원가차이	[(₩3.5－₩3.2) × 150,000]	45,000(U)
매출총이익	(2020년)	₩225,000

[문4] 매출총이익을 이용한 2개 연도 실제이익의 차이조정

(1) 판매수익차이조정

	2019년	2018년
매 출 액	₩750,000	₩720,000
판매수량	150,000	180,000
단위당 판매가격	₩5	₩4

매출액(2018년)	₩720,000
판매가격차이	+₩150,000(F)
판매수량차이	－₩120,000(U)
매출액(2019년)	₩750,000

(2) 매출총이익차이조정

	2019년	2018년
매출원가	₩525,000	₩576,000
판매수량	150,000	180,000
단위당 매출원가(COGS)	₩3.5	₩3.2
매출총이익(GM)	₩1.5	₩0.8(BGM*)

* BGM=budgeted GM=예산매출총이익

매출총이익(2018년)	₩144,000
판매가격차이	+150,000 (F)
순판매수량차이	－24,000 (U)*
기타 원가차이	－45,000 (U)**
매출총이익(2019년)	₩225,000

* $(AQ - BQ) \times BGM = -30,000 \times 0.8 = -24,000$(U)

** (실제매출원가 − 예산매출원가) × $AQ = (3.5 - 3.2) \times 150,000 = 45,000$(U)

[문5] 판매믹스차이와 판매수량차이(＝매출조업도차이)

1. 매출조업도 = (AQ − BQ) × BCM

A : (900 − 1,000) × 40 =	4,000(U)
B : (2,500 − 2,000) × 10 =	5,000(F)
	1,000(F)

2. 판매믹스차이 = [(실제판매믹스비율 − 예산판매믹스비율) × 실제총판매수량] × (BCM − BWCM)

BWCM = (40 × 1,000 + 10 × 2,000) / 3,000 = 20

A : [(0.2647 − 0.333) × 3,400] × (40 − 20) =	4,667(U)
B : [(0.7353 − 0.667) × 3,400] × (10 − 20) =	2,333(U)
	7,000(U)

3. 순판매수량차이 = (AQ − BQ) × BWCM

A : (900 − 1,000) × 20 =	2,000(U)
B : (2,500 − 2,000) × 20 =	10,000(F)
	8,000(F)

[문6] 다제품의 차이분석

(1) 판매가격차이

제품 A (₩145 − ₩150) × 5,100 =	₩25,500 U
제품 B (₩95 − ₩100) × 4,000 =	20,000 U
제품 C (₩200 − ₩200) × 1,700 =	0
계	₩45,500 U

(2) 판매믹스차이(공헌이익기준)

제품 A (5,100 − 5,000) × (₩45 − ₩44.50) =	₩50 F
제품 B (4,000 − 3,000) × (₩20 − ₩44.50) =	24,500 U
제품 C (1,700 − 2,000) × (₩80 − ₩44.50) =	10,650 U
계	₩35,100 U

* 단위당 예산평균공헌이익의 계산

$$\frac{\text{예산상의 총공헌이익}}{\text{A의 예산판매수량} + \text{B} + \text{C}} = \frac{₩445,000}{5,000 + 3,000 + 2,000}$$

$$= ₩44.50$$

(3) 판매수량차이(공헌이익기준)

제품 A (5,100 − 5,000) × ₩44.50 =	₩4,450 F
제품 B (4,000 − 3,000) × ₩44.50 =	44,500 F
제품 C (1,700 − 2,000) × ₩44.50 =	13,350 U
계	₩35,600 F

[문7] 믹스차이 및 수율차이계산(생산부문)

실제배합비율 = P : Q : R = 1 : 5 : 5

표준배합비율 = P : Q : R = 1 : 2 : 2 = 20% : 40% : 40%

재료수량차이의 세분화

재료	SP × AQ		SP × 총실제투입량 × 표준배합비율		SP × SQ	
P	₩160,000×10톤=	₩1,600,000	₩160,000×110톤×0.2 =	₩3,520,000	₩160,000×100톤×0.2 =	₩3,200,000
Q	100,000×50 =	5,000,000	100,000×110 ×0.4 =	4,400,000	100,000×100 ×0.4 =	4,000,000
R	120,000×50 =	6,000,000	120,000×110 ×0.4 =	5,280,000	120,000×100 ×0.4 =	4,800,000
계		₩12,600,000		₩13,200,000		₩12,000,000

재료배합차이 ₩600,000(F) 재료수율차이 ₩1,200,000(U)

따라서

1. 재료수율차이 : ₩1,200,000(불리)
2. 재료배합믹스차이 : ₩600,000(유리)

[문8] 시장점유율차이

예측시장규모 800,000대 실제시장규모 700,000대

예측시장점유율 = 80,000/800,000 = 10%

실제시장점유율 = 84,000/700,000 = 12%

예산평균공헌이익 = 500 × 0.25 + 400 × 0.75 = 425

시장점유율 차이 = (0.12 − 0.10) × 700,000 × 예산평균공헌이익
= 0.02 × 700,000 × 425 = 5,950,000(유리)

[문9] 예산 및 실제이익의 조정

실제 가격 = ₩2,530,000 / 550,000단위 = ₩4.6

예산 판매량 × 110% = 실제 판매량

예산 판매량 = 실제 판매량 / 110% = 550,000단위 / 110% = 500,000단위

예산 가격 = ₩2,500,000 / 500,000단위 = ₩5

1. 판매가격차이 = (AP − BP) × AQ = (₩5.0 − ₩4.6) × 550,000 = ₩220,000(U)
2. 변동원가차이 = (AVC − BVC) × AQ = (₩3.6 − ₩3.75) × 550,000 = ₩82,500(F)

실제단위당 변동원가 =₩1,980,000 / 550,000=₩3.6
예산단위당 변동원가 =₩1,875,000 / 500,000=₩3.75

3. 순판매수량차이=(AQ－BQ) × 예산공헌이익
=(550,000－500,000) × ₩1.25* =₩62,500(F)
* 예산공헌이익=₩625,000 ÷ 500,000=₩1.25/단위

4. 고정원가차이=₩450,000－₩400,000=₩50,000(U)

<종합>

예산세전이익	(1/4분기)	₩225,000
판매가격차이		220,000(U)
변동원가차이		82,500(F)
순판매수량차이		62,500(F)
고정원가차이		50,000(U)
실제세전이익	(1/4분기)	₩100,000

[문10] 공헌이익법과 차이조정표의 작성

1. (1) 판매부문 :
판매가격차이 =(6－5) × 11,000개=₩11,000(F)
실제가격 =₩66,000 / 11,000개=₩6
예산가격 =₩60,000 / 12,000개=₩5
순판매수량차이 =(11,000－12,000) × 1.75=₩1,750(U)
예산변동원가 =₩39,000 / 12,000개=3.25
예산공헌이익 =가격－변동비=5－3.25=1.75
변동판매비차이 =(1.5－1.25) × 11,000=₩2,750(U)
실제변동판매비 =16,500 / 11,000=1.5
예산변동판매비 =15,000 / 12,000=1.25

(2) 제조부문 :
변동제조원가차이 =(2.5－2) × 11,000=₩5,500(U)
실제변동제조원가 =27,500 / 11,000=2.5
예산변동제조원가 =24,000 / 12,000=2
고정제조원가차이 =5,500－6,000=₩500(F)

(3) 관리부문 : 관리비예산차이 ₩0

2. 예산순이익과 실제순이익 차이조정표

예산순이익	₩5,000
판매가격차이	11,000(F)
순판매수량차이	1,750(U)
변동판매비차이	2,750(U)
변동제조원가차이	5,500(U)
고정제조원가차이	500(F)
관리비차이	0
실제순이익	₩6,500

Management Accounting

분권화와 사내대체가격 09

단답식 개념문제

01. 분권화된 조직의 주된 문제점은 부문관리자가 경영자와 기업이 원하지 않는 방향으로 의사결정을 내릴 수 있는 **준최적화**의 가능성이다.
02. ROI가 갖는 단점을 보완하기 위해 등장한 성과지표로 사업부이익에서 사업부 투하자본의 기회비용을 차감한 것을 **잔여이익**(residual income)이라고 한다.
03. 조직내 상이한 부문간의 용역이나 재화의 주고받는 관계에 경쟁원리를 도입해 가격을 책정하는 제도를 **사내대체가격**제도라고 부른다.

[문1] ① 현장파악에 의한 의사결정, ② 신속한 의사결정 및 대응, ③ 전문화에 의한 분업, ④ 부문관리자에의 동기부여, ⑤ 후계자 양성, ⑥ 본사 차원의 자원배분 한계 극복

[문2] ① 유능한 관리요원의 부족, ② 측정 및 보고상의 통일성 문제, ③ 준최적화의 문제

[문3] ① 분권관리단위로서의 사업부, ② 제품 책임단위로서의 사업부, ③ 이익관리단위로서의 사업부

[문4] 첫째, 목표일치성의 문제이다. 둘째, 사업부 책임자로 하여금 근시안적인 행동을 하도록 동기부여한다는 점이다.

[문5] ① 이익측정과 관련된 문제 : 이익은 단기적으로 조작될 수 있다, 회계처리방법에 따라 이익이 달라질 수 있는데 이익은 현금흐름이나 화폐의 시간가치를 반영하지 않는다.

② 투하자본과 관련된 문제 : 사업부의 투하자본 파악이 쉽지 않다. 사업부가 보유하는 현재 자산은 대부분 전임책임자가 취득한 자산이다. 인플레이션하에서 투자자산의 장부가치는 물가수준에 의해 조정되기 전까지는 과소평가된다.

③ ROI와 RI 모두 사업부 책임자가 회사보다는 그들 사업부 입장을 우선시 하는 준최적화문제를 야기할 수 있다.

[문6] 매출액이익률과 자본회전율

[문7] EVA는 아주 새로운 개념은 아니다. 기존의 잔여이익개념에서 출발한 것으로서 총이익과 투하자본의 조정을 통한 잔여이익을 산출하는 여러 방법 중에 한 가지일 뿐이라는 견해가 있다.

[문8] EVA 계산을 위해서는 투하자본의 규모(양적 측면)를 감안할 뿐만 아니라 최종이익이 기대이익을 초과했는지(질적 측면)를 동시에 고려하여 계산된다.

[문9] 아니다. 투자중심점에도 적용될 수 있을 뿐만 아니라 원가중심점이나 수익중심점에도 각각 관련 맺는 원가항목이나 수익항목에 대한 원가 및 수익 마인드를 높이기 위해 적용될 수 있다.

[문10] 분권적 조직단위들이 조직전체의 입장보다는 자신의 입장을 강조함으로써 전사적 최적방안 대신에 차선책이 채택되는 문제를 말한다.

객관식

[문1] ③

투자중심점의 투자수익률 극대화 노력이 기업전체적으로는 이익의 감소를 초래하여 준최적화 현상이 발생하지 않도록 유의해야 한다.

[문2] ③

투자수익률법에 의한 투자안의 평가와 잔여이익법에 의한 투자안의 평가는 투자안의 규모가 다를 경우 서로 일치하지 않을 수 있다.

[문3] ④

[문4] ②

단위당 공헌이익은 (가격 - 단위당 변동원가)이므로 변동원가기준을 의미한다. 따라서 변동원가를 기준으로 대체가격을 정하는 경우, 공급부문이 외부에 판매하는 경우와 대체하는 경우에 차이가 없도록 하기 위해서 '외부판매가격 - 단위당 변동원가'로 계산되는 단위당 공헌이익을 변동원가에 가산하여 대체가격을 정한다.

[문5] ④

① 타인자본을 축소하고 자기자본을 증가시키면 가중평균자본비용이 증가하므로 경제적부가가치는 하락한다. ② 투자의 중단을 검토하여야 한다. ③ 유휴설비 등 비효율적 자산을 매각하여야 투자자본의 절감을 통한 자본비용의 감소가 가능하다.

[문6] ①

경제적부가가치가 0보다 크다는 것은 기업의 세후순영업이익이 투하자본에 대한 자본비용보다 크다는 의미이다.

[문7] ③

수요사업부 최대대체가격 Min[(10,000 - 3,000), 6,500] = 6,500

[문8] ③

공급사업부 최소대체가격이 일반적으로 기업전체의 이익을 극대화할 수 있는 대체가격이다.

최소대체가격 = (대체시의 단위당 증분지출원가 150 − 20) + (대체시의 단위당 기회원가 300 − 150) = 280

[문9] ③

(1) 새로운 투자안을 채택할 경우 영업이익

채택 전 영업이익 :	₩200,000
새로운 투자안의 영업이익 : ₩200,000×60% − ₩90,000 =	30,000
계	₩230,000

(2) 새로운 투자안을 채택할 경우 잔여이익 = 채택 후 영업이익 − 채택 후 투자액×최저필수수익률

= ₩230,000 − (₩625,000 + ₩120,000)×15%

= ₩118,250

[문10] ③

A사업부가 B사업부에 반제품M을 300단위를 대체하려면 유휴설비로는 150단위밖에 생산할 수 없으므로 외부판매 150단위를 포기하여야 한다. 그러므로 A사업부의 최소대체가격은 단위당 변동제조원가에 기회비용(외부판매포기로 상실되는 공헌이익)을 가산한 금액이 된다.

$$\text{A사업부의 최소대체가격}: \underbrace{₩300}_{\text{증분원가}} + \underbrace{\frac{150\text{단위} \times (₩600 - 300)}{300\text{단위}}}_{\text{기회비용}} = ₩450$$

주관식

[문1] 업적평가척도 ROI

홍익테크(주)의 세 사업부에 대한 부분적인 자료는 다음과 같다.

	CD 사업부	MP3 사업부	S/W 사업부
매출액	₩1,000,000	₩500,000	₩10,000,000
이 익	100,000	50,000	₩50,000
자 본	500,000	₩5,000,000	5,000,000
매출액이익률	10%	10%	0.5%
자본회전율	2회	0.1회	2
투자이익률	20%	1%	1%

[문2] 업적평가척도 ROI

①

	자본회전율	매출액이익률	투자이익률
(a)	0.75회	12.5%	9.4%
(b)	0.60회	16.7%	10.0%
(c)	0.70회	12.5%	8.75%

② ₩45,000

[문3] 투자수익률 및 잔여이익

1. 평균투자액

2019년 기말잔액	₩12,600,000
2018년 기말잔액 (12,600,000 ÷ 1.05)	12,000,000
기초잔액 + 기말잔액	₩24,600,000
평균잔액	₩12,300,000

(1) $\text{투자수익률} = \dfrac{\text{세금차감전이익}}{\text{평균투자액}} = \dfrac{2,460,000}{12,300,000} = 0.20$

(2)

세금차감전 이익	₩2,460,000
평균투자액의 최소이익 ₩12,300,000 × 0.15 =	₩1,845,000
잔여이익	₩615,000

2. 만약 성과측정치로 RI를 사용한다면 와우사업부의 경영자는 그 투자안을 받아들일 것이다. ROI에 의한 투자안을 평가하는 경우 해당투자안의 ROI는 2019년 와우사업부의 ROI보다 낮고, 또한 경영자의 상여금이 ROI에 의해 결정되므로 경영자는 그 투자안을 기각하게 된다. 그러나 RI가 성과측정치로 사용된다면, 즉 RI가 상여금지급의 기준이 된다면 경영자는 RI를 증가시키는 모든 투자안에 투자할 것이다.
3. 성과평가가 ROI나 RI에 의해 이루어진다면 와우사업부는 이익과 투자에 관련된 모든 사항을 통제해야 한다. 즉, 와우사업부는 홍익주택에 의해 통제되는 투자안에 대한 자본비용을 제외한 모든 사항을 통제해야 한다.

[문4] 부가원가를 고려한 CVP, EVA

$$BEP_Q = \frac{(₩300,000,000 + ₩500,000,000 \times 10\%)}{₩20,000} = 17,500\text{개}$$

[문5] EVA, 준최적화, 비재무적 성과평가

1. 연도별 EVA액 :

1차년도 : ₩800 − (₩8,000 × 0.13) = ₩(240)

2차년도 : ₩800 − (₩8,000 × 0.13) = ₩(240)

3차년도 : ₩1,160 − (₩8,000 × 0.13) = ₩120

4차년도 : ₩2,900 − (₩8,000 × 0.13) = ₩1,860

5차년도 : ₩2,700 − (₩8,000 × 0.13) = ₩1,660

2. 연도별 보상액 :

1차년도 : ₩(240) × 0.12 = ₩(28.8)

2차년도 : ₩(240) × 0.12 = ₩(28.8)

3차년도 : ₩120 × 0.12 = ₩14.4

4차년도 : ₩1,860 × 0.12 = ₩223.2

5차년도 : ₩1,660 × 0.12 = ₩199.2

3. 신규프로젝트에 대한 투자 여부는 김부장의 시간에 따라 영향을 받게 된다. 비록 프로젝트의 투자로 처음 3년 동안은 김부장의 보상이 감소하지만 4차년도와 5차년도에 걸쳐 충분히 상쇄되고 오히려 전체적으로는 이익이 된다. 따라서 김부장은 자신에게 3년밖에 시간이 없다면 이 투자는 하지 않을 것이다. 그러나 그에게 4년 혹은 그 이상의 시간이 주어진다면 그는 투자할 것이다. 또한 김부장은 신규프로젝트의 투자로 인해 처음 3년 동안의 낮은 성과를 실현함에 따라 그 자리에서 쫓겨날 가능성이 있는지를 고려해야 한다.

4. 투자하기를 원한다. 최고경영자는 그 프로젝트에 대해 호의적인 시각을 갖는다. 왜냐하면 그 프로젝트는 투자한 후 2년도 이후부터는 자본비용을 초과하는 수익률을 창출하기 때문이다.

5. 김부장이 투자에 대해 보다 장기적인 시각을 갖도록 하기 위해서는 시장점유율, 매출액증가율, 신규고객의 수, 고객 재구매율 및 고객만족지수 등과 같은 비재무적 측정치를 성과측정치에 포함할 수 있다.

[문6] 사내대체가격

(1) A사업부의 최소대체가격

① 유휴생산능력 범위내 : 0 ≤ 대체수량 ≤ 1,000

기회원가가 없으므로 변동원가인 ₩2,700

② 유휴생산능력 초과시 : 1,000 < 대체수량

외부판매포기로 인한 단위당 기회원가 = ₩4,600 − ₩2,700 = ₩1,900

따라서 최소대체가격 = 단위당 변동원가 + 단위당 기회원가

= ₩2,700 + ₩1,900 = ₩4,600

(2) B사업부의 최대대체가격 = Min{순실현가치, 외부구입가격}

외부구입가격이 존재하지 않으므로 최대대체가격 = 최종판매가치 − 추가비용

= ₩7,200 − ₩3,000 = ₩4,200

(3) 결론

유휴생산능력범위인 1,000단위까지는 ₩2,700 ≤ TP ≤ 4,200 사이에서 대체가격이 존재하나 1,000단위 초과시에는 대체가격이 존재하지 않는다.

[문7] 시장가격기준의 대체가격

1. B사업부의 이익 : ₩10,000 손실, 회사전체의 이익 : ₩8,000
   (1) B사업부 : 120,000(판매가) − 60,000(변동비) − 70,000(대체가격)
   = ₩10,000 손실
   (2) 회사전체의 이익 : A사업부(70,000 − 52,000 = ₩18,000이익) +
   B사업부(₩10,000 손실) = 회사전체 ₩8,000이익

A사업부		B사업부		회사전체	
판매가 :	₩70,000	판매가 :	₩120,000	판매가 :	₩120,000
변동비 :	52,000	변동비 :	60,000(자체)	변동비 :	112,000
공헌이익 :	₩18,000		+ 대체가격	공헌이익 :	₩ 8,000
		공헌이익 :	₩60,000 − 대체가격		

2. 불리
   왜냐하면 회사전체 이익이 ₩18,000에서 ₩8,000으로 줄어듦.
3. 대체안 2
   대체안 1 : ₩8,000 (단위당) 이익
   대체안 2 : 500단위까지 (70,000 − 52,000) = ₩18,000 (단위당) 이익,
   추가 500단위 ₩8,000 (단위당) 이익
   대체안 3 : A사업부 {(70,000 × 0.8) − 52,000} = ₩4,000 (단위당) 이익
   B사업부 : 120,000 − 60,000 − 70,000(외부구입가격) = ₩10,000 (단위당) 손실
   따라서 단위당 6,000 손실
   → 대체안 2가 유리

[문8] 사내대체가격과 가격결정

1. 기업전체의 입장에서 보면 최저판매가격은 생산사업부의 변동제조원가와 마케팅사업부의 변동판매비를 합한 금액임을 알 수 있다. 따라서 최저판매가격을 x라 하면 다음의 식이 성립한다.

   $x = ₩10 + 0.05x \quad \therefore x = ₩10.53$

   또한 홍익제화가 중앙집권화되어 있다면 마케팅부서장은 신발을 ₩10.53 이하로 판매하지 않도록 지시받을 것이다.
2. 일반적으로 회사전체의 입장에서 최적대체가격은 공급사업부의 최소대체가격과 일치한다. 이는 공급사업부의 최소대체가격은 제품생산에 필요한 변동원가와 외

부판매기회 상실로 인한 기회비용을 모두 반영하고 있기 때문이다. 여기서는 생산사업부의 외부판매기회 상실로 인한 기회비용이 0이므로 최적대체가격은 변동제조원가인 ₩10이 된다.

3. 마케팅부서의 최저판매가격은 생산부서로부터의 대체가격에 변동판매비를 더한 금액이므로 최저판매가격을 x라 하면 다음의 식이 성립한다.

   x = ₩28.5 + 0.05x ∴ x = ₩30

   이처럼 생산부서의 대체가격이 크면 클수록 마케팅부서가 손해를 보지 않기 위해서는 최저판매가격이 점점 높아질 수밖에 없다. 또한 마케팅부서가 단위당 ₩10.53보다 높은 가격으로 신발판매시 회사전체의 입장에서는 공헌이익이 발생하게 된다. 예를 들어, 단위당 ₩30으로 신발판매시 회사전체 입장에서 공헌이익은 다음과 같다.

   공헌이익 = ₩30 − ₩10 − ₩30 × 0.05 = ₩18.5

   주) 만약 회사에서 단위당 ₩29의 판매가격으로 비슷한 신발을 판매시 마케팅사업부의 입장에서 단위당 ₩28.5로 대체받게 되면 최저판매가격인 ₩30 미만으로는 판매하지 않게 되고 결국 판매를 포기하게 되나 회사전체 입장에서 본다면 단위당 ₩10.53보다 큰 가격으로 판매시 공헌이익이 발생하므로 이 금액 이상이라면 판매하는 것이 좋다. 이처럼 준최적화현상이 나타날 수 있는 것이다.

4. 생산사업부에 여유생산능력이 없다면 최소대체가격은 변동제조원가에 외부판매기회 상실로 인한 기회비용까지 고려되어야 하므로 최소대체가격은 다음과 같다.

   $$\text{최소대체가격} = \underbrace{₩10}_{\text{변동제조원가}} + \underbrace{(₩28.5 - ₩10)}_{\text{기회비용}} = ₩28.5$$

   이 금액(즉, 외부시장 판매가격)이 최적대체가격이 된다.

[문9] 대체가격결정 : 종합문제

1. (1) 대체하지 말아야 한다. 대체하여 최종제품을 판매할 경우 회사전체적으로 이익은 (300 − 150 − 120 = 30) 30이지만, 중간제품을 외부에 판매할 경우 (200 − 120 = 80) 80의 이익이 나므로 외부에 판매하는 것이 더 이익이다.

   (2) 옳은 가격이다. 왜냐하면 B사업부는 동가격에 구입을 원하지 않을 것이기 때문이고 이를 통해서 외부에 중간제품을 외부에 판매하는 것이 회사 전체적으로 이익이다.

2. 외부 판매에 대한 기회비용이 없으므로 대체하는 것이 회사 전체 이익을 높일 수 있다. 적절한 대체가격은 120～150이므로 최소대체 가격은 A사업부 지출원가인 120이다.

3. {300 − (120 + 150)} × 200 = 6,000의 이익이 발생하므로 150에 구매하는 것이 유리

하다. 구매한다. 왜냐하면 자신의 사업부는 손해보는 일이 없이 다른 사업부는 이익을 볼 수 있기 때문이다. 대체가격의 범위는 120(A사업부의 지출원가)에서 최대는 시장가격인 150이다.

4. 1안과 2안의 무차별 이익을 구하여 대체가격을 산출하면,
   (195 − 120) × 1,000개 = (200 − 120) × 800개 + (TP − 120) × 200개
   따라서, 대체가격(TP)은 175

[문10] 국제이전가격 결정

(1) 대체가격의 범위
   최소대체가격 = 1,000 + (5,000 − 1,000) = 5,000
   최대대체가격 = Min[7,000, (10,000 / 1.15)] = 7,000

(2) FTA 체결 전 조세부담을 최소화하는 대체가격
   조세부담액 = $\underbrace{(TP - 1,000) \times 10\%}_{\text{칠레 법인세}} + \underbrace{TP \times 15\%}_{\text{관세}} + \underbrace{(10,000 - TP) \times 20\%}_{\text{한국 법인세}}$
   = 1,900 + 0.05TP
   따라서, TP = **5,000**

(3) FTA 체결 후 조세부담을 최소화하는 대체가격
   조세부담액 = $\underbrace{(TP - 1,000) \times 10\%}_{\text{칠레 법인세}} + \underbrace{(10,000 - TP) \times 20\%}_{\text{한국 법인세}}$
   = 1,900 − 0.1TP
   따라서, TP = **7,000**
   => **₩2,000 증가**

Management Accounting

전략적 성과관리 10

단답식 개념문제

01. 재무적 수치 한 가지만으로 이뤄지는 성과평가를 보완하기 위해 다양한 관점을 고려하여 평가하는 도구가 **균형성과표**(BSC)이며, 기업이 성과를 평가하기 위해 기준으로 삼은 평가항목을 **핵심성과지표**(KPI)라 한다.
02. BSC에서 **고객**의 관점은 고객만족에 대한 성과를 측정하는데, 고객만족도 조사, 고객확보율, 고객 유지율, 반복구매 정도 등의 지표가 사용된다.
03. **내부프로세스**의 관점은 원가를 낮은 수준에서 유지하여 제품을 저렴한 가격으로 고객에게 제공할 수 있도록 기업 내부의 업무가 효율적으로 수행되는 정도를 의미하는데, 불량률, 작업폐물, 재작업률, 수율, 납기, 생산처리시간 등의 지표가 사용된다.

[문 1] 고객수익성 분석은 개별 고객 또는 한 집단고객이 수익성 차원에서 어떻게 차이를 보이는가를 검토하는 것을 말한다. 전통적인 세그먼트 분석에서 세그먼트는 제품라인이나 공장 또는 사업부 등으로 정의되었음에 비해 고객수익성 분석에서는 특정 제품라인 내에서 고객별로 세분화되거나 여러 제품라인이나 지역을 포함하는 고객을 분석대상으로 삼는다는 점에서 차이난다.

[문 2] 경영통제시스템이란 기업전반에 걸친 경영계획과 통제의 의사결정을 적절히 지원하고 조정하기 위한 목적에서 필요한 자료를 수집하는 하나의 수단을 말한다.

[문 3] 경영통제시스템은 회사전체의 이익에 반하는 행동을 하도록 경영자를 자칫 그릇되게 동기부여할 수도 있다. 일례로, 백화점의 경영자를 연간 매출액에 기초하여 평가할 경우 경영자는 대규모의 할인정책을 실시하여 매출을 늘리고자 할 동기가 생긴다. 이는 단기적으로는 매출증가를 가져올지 모르지만 궁극적으로는 영업이익의 감소와 백화점 이미지의 하락을 초래한다. 실제로 이러한 문제점을 경험한 이랜드의 경우 모든 사업부 관리자에게 가두할인 판매를 권장하지 않는 방향으로 평가시스템을 수정한 바 있다.

[문 4] 첫째, 재무적 측정치에 의한 통제는 제품의 품질, 속도, 고객서비스 및 종업원에게 동기를 부여할 수 있는 작업환경의 제공능력 등의 다른 중요한 요소들을 측정하

지 못한다. 둘째, 재무적 측정치는 주요 성공요소들에 대한 전체적인 성과의 재무적 효과만을 측정함으로써 주요 성공요소 각각에 대한 성과는 무시한다. 셋째, 재무적 측정치에 의한 통제는 주로 단기적 이익성과를 추구하도록 함으로써 기업의 경쟁력 확보와 관련하여 긍정적이지 못한 결과를 유도한다.

[문5] 균형성과표에서의 '균형'은 재무적 관점, 고객관점, 내부 비즈니스 프로세스 관점 그리고 학습과 혁신 관점 등 기업경영에서 강조되어야 할 다양한 시각에 대한 종합적이고 동시적인 고려를 의미한다. 구체적인 의미에서의 균형은 ① 단기적 관점과 장기적 관점간의 균형, ② 외부적 시각과 내부적 시각의 균형, ③ 재무적 관점과 비재무적 관점간의 균형 세 가지로 요약할 수 있다. 다양한 관점을 균형 있게 바라볼 수 있게 하는 각 부문의 핵심적 측정치들은 기업성과와 관련 맺는 중요한 정보를 빠트리는 위험을 최소화하며 아울러 경영자로 하여금 중요한 측정치에 관심을 집중하도록 한다.

[문6] 경영자보상이란 회사의 전략적 목표를 수행하는 경영자의 실적을 정당하게 평가하고 보상하기 위한 구조적인 접근을 말한다.

[문7] ① 조직의 목표를 달성하기 위한 조직구성원들에 대한 동기부여
② 조직구성원들이 조직의 목표와 일치되는 의사결정을 하도록 적절한 유인의 제공
③ 조직구성원들의 노력, 기술 그리고 그들의 의사결정이 효과성을 갖도록 조직구성원들의 공정한 보상을 결정

[문8] 동의하지 않는다. 일반적으로는 성과제가 바람직하지만 조직의 특성상 성과측정의 불확실성이 높을 경우 고정급과 성과급을 적절히 섞는 것이 바람직할 수 있다.

[문9] ① 유연화 : 자료 또는 정보유연화를 의미하는 유연화는 희망하는 목표를 달성하기 위한 목적으로 수익이나 비용 등과 같은 자료의 인식시점을 늦추거나 앞당기는 자료의 조작행위를 말한다.

② 자료위조 : 불법행위에 해당하는 자료위조는 종업원이 문서를 위조하는 것을 말한다.

③ 게이밍 : 업무과정에서 성과지표를 조작하는 행위를 말한다.

[문10] 재무보고적 관점에서는 스톡옵션이 기업에게 가장 유리하다. 왜냐하면 재무제표상에는 미래에 실제로 스톡옵션이 행사될 때까지 비용으로 계상되지 않기 때문이다. 한편, 세금측면에서 볼 때 경영자에게 가장 불리한 보상은 보너스이다. 왜냐하면 높은 한계세율이 적용되어 높은 세금을 물어야 하기 때문이다.

객관식

[문1] ③
[문2] ①

고객만족(CS) : a, g, m　　　　유 연 성(F) : b, e, h, i, l
품　　질(Q) : c, j, o　　　　시　　간(T) : d, f, k, n

제품의 다양성은 구색갖추기 차원에서는 고객만족과 관련 맺는다고 볼 수 있지만 (제조 및 물류 등) 복잡성 차원에서 부정적인 시간동인을 유발한다.

[문3] ①

	고객 '갑'
총매출	**₩8,000**
반품-액수(판매가)	(2,000)
순매출액	**6,000**
매출원가 6,000 × 0.75	(4,500)
매출총이익	**1,500**
우편주문처리비 50 × 4	(200)
전화주문처리 800 × 0	(0)
반품처리* 100 × 4	(400)
고객유지원가	(500)
이익	**₩400**

* 반품 배송비는 고객이 부담해도 반품처리비는 기업의 비용이 된다.

[문4] ⑤ 비재무적 측정치는 후행지표에 해당하는 재무적 측정치의 선행지표이다.

[문5] ② 우선 팀성과에 기초해서 팀 보상을 실시하고, 개인별 보상은 개인별 성과목표 달성에 대한 개인별 능력을 반영한 성과점수에 의해 팀 보상 가운데에서 개인별 몫을 결정하는 방법을 사용하는 경우가 많다.

주관식

[문1] ABC+고객수익성 분석

고객 A ₩125, 고객 B ₩(235)

	고객 A		고객 B	
매출액		₩1,400		₩750
비 용				
재료원가	$\frac{₩1,400}{200\%}$ =	700	$\frac{₩750}{200\%}$ =	375
정규주문처리	25건 × ₩5 =	125	8건 × ₩5 =	40
긴급주문처리	10건 × ₩15 =	150	8건 × ₩15 =	120
고객이 요구한 특별서비스 처리	4건 × ₩50 =	200	7건 × ₩50 =	350
고객관계관리	1명 × ₩100 =	100	1명 × ₩100 =	100
계		₩1,275		₩985
이 익		₩125		(₩235)

[문2] 재무적 및 비재무적 성과측정치, 목표일치화

1. 영업이익은 단기재무적 성과를 측정하는 데 훌륭한 측정치이다. 그러나 단기의 영업이익이 장기적인 경쟁우위에 의해 나타난 것인지 혹은 그렇지 않은 것인지를 알려주지는 못한다. 예를 들면, (주)메디칼의 사업부들은 품질 혹은 재작업을 무시한 채 더 많은 제품을 생산함으로써 단기영업이익을 증가시킬 수 있을 것이다. 그러나 (주)메디칼 사장은 품질의 희생 없이 영업이익을 증가시키는 사업부 책임자를 원한다. (주)메디칼은 새로운 성과측정시스템을 도입하여 직접적인 측정치(예를 들면, 재작업비용, 납기준수 및 매출취소액)에 기초하여 관리자를 평가하고 보상하는 균형성과표(BSC)를 활용할 수 있다. 이러한 조치는 사업부 책임자를 바람직한 방향으로 동기부여하며 (주)메디칼 사장은 이를 통해 현재 및 미래의 영업이익을 증가시킬 수 있을 것으로 확신할 수 있다.

2. (a) 신촌사업부에 대한 반기 및 연간 총보너스금액을 계산하면 다음과 같다.

신촌사업부의 보너스 계산(2019년 12월 31일, 단위 : 백만원)

2019. 1. 1.~2019. 6. 30.		
이 익	0.02 × ₩462	₩9.24
재 작 업	(0.02 × ₩462) − ₩11.5	(2.26)
납기준수	96% 이하는 보너스 없음	0
매출취소액(반품)	[(0.015 × ₩4,200) − ₩84] × 50%	(10.5)
반기 계산액		₩(3.52)
반기 보너스수령액		0

(단위 : 백만원)

2019. 7. 1.~2019. 12. 31.		
이 익	0.02 × ₩440	₩8.80
재 작 업	(0.02 × ₩440) − ₩11.0	(2.2)
납기준수	96%에서 98%	2.0
매출취소액	[(0.015 × ₩4,400) − ₩70] × 50%	(2.0)
반기 계산액		₩6.60
반기 보너스수령액		₩6.60
연간 보너스수령액		₩6.6*

* 전기의 손실에 대한 책임이 다음 기간으로 연결되지 않는다.

(b) 강남사업부에 대한 반기 및 연간 총보너스금액을 계산하면 다음과 같다.

강남사업부의 보너스 계산(2019년 12월 31일, 단위 : 백만원)

2019. 1. 1.~2019. 6. 30.		
이 익	0.02 × ₩342	₩6.84
재 작 업	(0.02 × ₩342) − ₩6	0**
납기준수	98% 초과	5.0
매출취소액	[(0.015 × ₩2,850) − ₩44.75] × 50%	(1.0)
반기 계산액		₩10.84
반기 보너스수령액		10.84

** 재작업비용이 적거나 같으면 0

(단위 : 백만원)

	2019. 7. 1.~2019. 12. 31.	
이 익	0.02 × ₩406	₩8.12
재 작 업	(0.02 × ₩406) − ₩8	0
납기준수	96% 이하 : 보너스 없음	0
매출 취소액	[(0.015 × ₩2,900) − ₩42.5]이 0보다 큼	3.0
반기 계산액		₩11.12
반기 보너스수령액		₩11.12
연간 보너스수령액		₩21.96

3. 신촌사업부의 책임자는 이전 연도보다 2천만원 이상 적게(= ₩27,060,000 − ₩6,600,000 = ₩20,460,000) 보너스를 받음으로써 새로운 제도에 대해 실망하게 된다. 그러나 재작업비용은 상대적으로 변화가 없으나 새로운 성과측정치와 관련하여서는 납기준수와 매출취소액에 관한 성과는 후반기에 향상되기 시작했다. 만일 동일한 속도로 지속적인 개선이 이루어진다면 신촌사업부의 보너스는 구제도하에서의 금액에 근접하거나 초과할 것이다.

   강남사업부 책임자는 구제도하에서의 보너스금액과 거의 동일한 수준의 보너스를 받음으로써 신제도에 대해 만족할 것이다. 그러나 이 사업부는 후반기로 갈수록 재작업이 증가하고 납기준수율이 떨어지는 등 새로운 성과측정치 관점에서 볼 때 개선의 징후가 보이지 않고 있다. 사업부 책임자가 이들 측정치를 보다 잘 통제하지 않을 경우 현행 보너스가 미래에도 유지된다고 장담할 수는 없다. 새로운 측정치들은 미래를 개선하도록 관리자들을 동기부여하는 것을 목적으로 하지만 최소한 현행 관리자들은 (주)메디칼의 사장이 관심을 갖는 분야의 개선 없이 자신들의 보너스수준을 유지하려고 한다.

   신촌사업부는 개정된 보너스제도하에서 후반기부터는 다음과 같은 성과개선을 가져온다.

   • 납기준수율이 1.7% 증가 (= 97.3% − 95.4%)
   • 재작업비용이 5십만원 감소 (= 11.5 − 11)
   • 매출취소액의 14백만원 감소 (= 84 − 70)
   • 그러나 매출액 영업이익률은 11%(= 462/4,200)에서 10%(440/4,400)로 감소하였다.

   강남사업부의 보너스제도는 다음과 같은 변화를 갖게 된다.

   • 매출액 영업이익률이 2.0% 증가[12%(= 342/2,850)에서 14%(= 406/2,900)]
   • 납기준수율이 3.6% 하락 (= 98.2% − 94.6%)
   • 재작업비용이 2백만원 증가 (= 6 − 8)
   • 매출취소액이 2백25만원 증가 (= 44.75 − 42.5)

   (주)메디칼의 보너스제도를 변경하는 데에는 다음 몇 가지 변화가 필요하다.

- 영업이익에 대한 가중치를 낮추는 반면에 성과측정치에서 납기준수율, 재작업비용 및 매출취소액의 비중을 높일 필요가 있다.
- 영업이익의 2%보다 더 낮은 재작업비용에 대한 보상구조는 낮은 비용을 유지하도록 경영자를 독려한다.
- 1년마다 보너스계산의 검토가 이루어져야 한다. 보너스계산에 있어서 현행제도는 한 기간(6개월)에 보너스계산금액이 음(−)인 경우에 다음 기간으로 이어지지 않게 되어 있는데 이를 1년 전체로 통합해서 계산할 필요가 있다.
- 벤치마크를 개발하고 이전 기간에 이루어진 개선에 대해 보상을 하는 가운데 지속적인 개선을 촉진시켜야 한다.

[문3] BSC(균형성과표)항목의 선택

1. 현금흐름, 회원일인당 매출액(수입), 연간 수입증가율, 판매믹스, 교육수강생 일인당 수강료 등
2. (1) 재무적 관점 : 답1 참조
   (2) 고객 관점 : 신규가입 회원수, 교육수강생 증가율, 교육수강 만족도, 교육수강생 중 회원 대 비회원 비율 등
   (3) 프로세스 관점 : 단위 잡지 인쇄원가, 잡지반송율 등
   (4) 학습 및 성장 관점 : 신규개설 교육강좌 건수 또는 신규광고주 섭외건수

[문4] 성과평가시스템의 평가 : 행동적 이슈

1. 홍익전자의 성과평가시스템이 갖는 기본적인 문제점은 사업부 책임자에게 투자중심점 관리자로서의 권한을 주지 못한다는 점(즉, 자본투자나 가격책정, 생산수량에 관한 의사결정에는 권위적으로 대한 점)과 각 사업부 평가프로그램이 ROI에 초점이 맞추어져 있다는 점으로 요약될 수 있다. 이런 맥락에서 제9장 본문에서 설명한 ROI의 문제점이 그대로 적용되어 RI의 활용이 바람직한 것으로 지적될 수 있다.

   구체적으로 문제점을 지적하면 다음과 같다.

   첫째, 일반서비스원가와 기업의 운영자본(working capital : 즉, 운전자본)이 매출액기준으로 배분된다는 점은 원가발생 및 운전자본 소요의 인과관계를 제대로 포착하지 못한다고 말할 수 있다.

   둘째, 컴퓨터부서의 실제원가를 사용정도에 기초하여 배분하는 것 역시 고정비는 제공된 커패서티에 따라(capacity provided), 그리고 변동비는 실제사용 정도(capacity used)에 따라 배분되는 것이 바람직하다는 이원배부법(dual rate allocation)을 떠올리면 문제가 무엇인지를 쉽게 이해할 수 있다.

   셋째, 사업부의 순장부가치에 근거하여 계산되는 순투자액을 토대로 구한 ROI가 최종성과평가에 활용되기 때문에 사업부관리자는 장기적으로는 기업에 도

움이 되지만 단기적으로는 감가상각비의 증가 등으로 인해 ROI가 낮아지는 점을 우려하여 신규투자를 기피하는 우를 범할 수 있다.

2. 재무정보는 비록 사업부의 ROI를 낮출지언정 기업의 목표수익률(일종의 자본비용)을 초과하는 바람직한 투자안을 기꺼이 채택하도록 동기부여를 하는 RI로 대체할 필요가 있다. 또한 사업부 성과보고서는 사업부에 부과되는 각종 원가를 통제가능성과 추적가능성의 기준을 반영하는 식으로 작성되어야 한다. 구체적으로 사업부 책임자를 대상으로 한 성과평가에는 사업부 책임자의 권한행사에 의해 발생한 직접고정비를 감안한 성과측정치를 이용하고 사업부 자체의 성과를 파악하고자 할 때는 여러 사업부에 공통되는 간접비를 배분한 결과를 이용하도록 세그먼트별(일종의 단계별 관리회계 성격의) 성과보고서 형태로 바꿀 필요가 있다.

[문5] 윤리, 경영자 성과평가

1.

(단위 : 백만원)

매출액 : 1,800,000 × ₩2,000	₩3,600
매출원가 : 변동비 1,800,000 × ₩500	900
고정비 1,800,000 × ₩780*	1,404
매출총이익	1,296
판매비와 일반관리비	650
영업이익	₩646

* 1,950백만원 ÷ 2,500,000개(생산량) = ₩780

김윤리의 보너스금액 : 96.9백만원 = 646백만원 × 0.15

2. 아니다. 김윤리는 [물음 1]에 의할 경우 그의 업무를 잘 수행하지 못했다. 예를 들면, 김윤리는 1,800,000개의 커피잔을 판매하였으며 매출원가에 포함된 고정비는 1,950백만원으로 증가하였다. 현재 고정제조간접비 중 546백만원(= ₩780 × 700,000개)은 재고자산으로 처리되어 영업이익을 증가시키는 효과를 가져왔다. 여기서 주목할 것은 기초에 재고자산은 없었으며 재고자산의 고정원가는 1,950백만원 − 1,404백만원(매출원가에 포함된)을 차감하여 546백만원으로 계산할 수 있다. 만일 영업이익이 이 금액에 의해 조정된다면 2019년도의 이익은 100백만원(= 646백만원 − 546백만원)이 되며 김윤리의 보너스금액은 96.9백만원이 아닌 15백만원(= 100백만원 × 0.15)이 된다.

3. 김윤리의 행동은 비윤리적이다. 전문경영인은 주주의 이익을 위해 최선을 다해야 한다. 김윤리의 행동은 주주들에게는 비용으로 작용한다. 비록 김윤리가 필요 이상의 재고자산을 생산한 것이 거짓으로 회계처리한 것보다는 나쁘지 않지만 그러한 김윤리의 행동은 일종의 자료위조(cooking the books)에 해당한다.

[문6] 고객수익성 분석

1. 개별법에서의 가중치는 패키지용 비디오의 단위당 판매가격을 기초로 결정된다. 아래표의 배분공식의 첫 번째 비율*이 그 가중치로서 이를 이용하여 패키지 수익을 각 비디오에 배분하여야 한다.

	배분공식	협상전략(N)	마케팅(M)	리엔지니어링(R)
N+M	0.56 ×₩21,000×12,000	₩141,120,000		
N+R	0.54 ×₩22,000× 5,000	59,400,000		
N+M+R	0.375×₩28,000×11,000	115,500,000		
계		**₩316,020,000**		
M+N	0.44×₩21,000×12,000		₩110,880,000	
M+R	0.48×₩19,000× 4,000		36,480,000	
M+N+R	0.30×₩28,000×11,000		92,400,000	
계			**₩239,760,000**	
R+N	0.46 ×₩22,000× 5,000			₩50,600,000
R+M	0.52 ×₩19,000× 4,000			39,520,000
R+N+M	0.325×₩28,000×11,000			100,100,000
계				**₩190,220,000**

* 가격기준으로 패키지 내 개별제품의 상대적 비중을 계산한다.

0.56 = 15,000/27,000(= 15,000 + 12,000), 0.54 = 15,000/28,000, 0.375 = 15,000/40,000

0.44 = 12,000/27,000, 0.48 = 12,000/25,000, 0.30 = 12,000/40,000

0.46 = 13,000/28,000, 0.52 = 13,000/25,000, 0.325 = 13,000/40,000

2.

		김협상 협상전략(N)	이판촉 마케팅(M)	박구조 리엔지니어링(R)
Ⅰ	개별 판매			
	₩15,000×25,000	₩375,000,000		
	₩12,000×17,000		₩204,000,000	
	₩13,000× 8,000			₩104,000,000
Ⅱ	패키지 판매	316,020,000	239,760,000	190,220,000
Ⅲ = Ⅰ + Ⅱ	총수익	₩691,020,000	₩443,760,000	₩294,220,000
Ⅳ	로열티 비율	24%	16%	19%
Ⅴ = Ⅲ×Ⅳ	로열티 지급액	₩165,844,800	₩71,001,600	₩55,901,800

3. 대안적인 방법으로는 증분적 수익배분방법을 들 수 있다. 중요도 순으로 각 비디오의 순위를 정해서 개별판매가격을 바탕으로 패키지 수익을 전부 배분할 때까지 각 제품에 배분하는 방법이다. 이러한 접근방법은 3명의 자문가간에 마찰을 야기할 수 있다. 각 자문가의 지분은 패키지 판매의 공헌도에 따라 결정된다. 만약 증분적 수익배분방법을 이용한다면 2019년의 실제 판매단위를 바탕으로 홍익비전은 각 자문가의 시장성공 기여순위를 결정할 수 있다.

[문7] 성과평가시스템+동기부여

1.

지 점	판 매 액 ①2017	②2018	③증가율(%) =(②-①)/①	영업이익 ④2017	⑤2018	⑥증가율(%) =(⑤-④)/④	평균증가율(%) =(③+⑥)/2
아이오아	₩94.3	₩110.4	17.1	₩15.1	₩18.7	23.8	20.45
캔사스	28.9	32.8	13.5	2.6	7.2	176.9	95.20
뉴올리언스	122.7	153.8	25.4	15.9	21.5	35.2	30.3
세인트루이스	99.8	111.3	11.5	20.9	21.1	1.0	6.25

캔사스지점과 세인트루이스지점은 판매액 15% 최소증가율 미달로 수상자격이 되지 않는다.

수상자격 1순위는 뉴올리언스(30.3%), 2순위는 아이오아(20.45%) 지점이다.

2. 으뜸상 수상기준으로 두 가지 요건, 판매액증가와 영업이익증가를 고려한다. 그러나 단 두 가지 요건만으로는 부족한 선정요건이 될 수 있다.
   추가적인 요건을 꼽으면 다음과 같다.
   (1) 벤치마크로서 예산목표 활용: 각 지점의 영업환경은 매우 상이하다. 경쟁기업이 시장확장목적으로 가격을 인하한 상황에서 전년과 비교하여 작은 증가를 보인 지점은 매우 훌륭한 성과를 보였다고 할 수 있다.
   (2) 비율 증가율의 활용
   (3) 투하자본
   (4) SSG의 고객으로부터 얻은 피드백

[문8] CVP분석과 경영자보상

1.

	TV광고를 할 경우	TV광고를 하지 않을 경우
기대판매량	(370+610)÷2=490kg	(300+400)÷2=350kg
고 정 비	₩15,000+7,000=₩22,000	₩15,000
기 대 이 익	₩40×490−₩22,000=₩(2,400)	₩40×350−₩15,000=₩(1,000)

1) TV광고를 할 경우

• 손익분기점 $= \dfrac{₩22{,}000}{₩100-₩60} = 550\text{kg}$

• 손익분기점을 초과할 확률: $P(\pi \geq 0) = \dfrac{610-550}{610-370} = 25\%$

• 경영자의 기대이익

−판매량이 550kg인 경우: ₩40×550kg−₩22,000=0

−판매량이 610kg인 경우: ₩40×610kg−₩22,000=₩2,400

따라서 전문경영자의 기대성과급 $= \dfrac{₩2,400 \times 1\%}{2} \times 0.25 = ₩3$

2) TV광고를 하지 않을 경우

- 손익분기점 $= \dfrac{₩15,000}{₩100 - ₩60} = 375\text{kg}$
- 손익분기점을 초과할 확률 : $P(\pi \geq 0) = \dfrac{400 - 375}{400 - 300} = 25\%$
- 경영자의 기대이익
  - 판매량이 375kg인 경우 : $₩40 \times 375\text{kg} - ₩15,000 = 0$
  - 판매량이 400kg인 경우 : $₩40 \times 400\text{kg} - ₩15,000 = ₩1,000$

따라서 전문경영자의 기대성과급 $= \dfrac{₩1,000 \times 1\%}{2} \times 0.25 = ₩1.25$

3) TV광고에 대한 의사결정

전문경영자의 입장에서는 TV광고시 ₩1.75(=3 − 1.25)만큼 유리하다.

2. 전문경영자는 성과급으로만 연봉을 지급받으므로 순이익이 발생할 경우에는 문제가 없지만 순손실이 발생할 경우 전문경영자에게 책임을 부여하지 않으므로 모든 책임을 주주가 부담해야 하는 모순이 발생한다. 그러므로 회사는 성과급을 효과적으로 운영하기 위해 순손실의 경우에도 전문경영자에게 적절한 책임을 부여해야 한다.
3. 다품종 소량생산의 경우에는 작업초기에 발생하는 설계, 시운전, 작업준비 등과 관련하여 발생하는 비용의 비중이 크다. 따라서 조업도만을 원가동인으로 할 때 제품원가를 계산하는 경우 소품종 대량생산의 경우보다 더 큰 제품원가의 왜곡을 초래할 수 있다.

Management Accounting

자본예산 11

단답식 개념문제

01. 감가상각비와 같은 비현금지출비용은 그 자체가 직접적으로 현금흐름의 증가를 가져오는 것은 아니지만 다른 비용항목처럼 세금을 줄이는 간접효과를 갖는다. 이러한 세금효과를 감가상각비 감세효과(depreciation tax shield)라고 부른다.
02. 경합되는 둘 이상의 자본예산 대안간의 비교에서 **차액분석**접근법은 두 대안간에 차이를 보이는 항목에 초점을 맞추어 판단하여 계산이 간편하다. 반면 총액분석접근법은 모든 항목을 개별투자안마다 적용하여 구한 수치를 비교하여 판단한다.
03. NPV법은 IRR법에 비교하여 우월하다. 왜냐하면 NPV는 현실적인 자본비용으로 재투자를 가정하고, 복수의 투자안의 NPV를 구할 때 가치의 가산원칙(value additivity)이 적용될 수 있기 때문이다.

[문 1] **자본예산편성**이란 장기경영계획하에 기업이 보유한 한정된 투자자원을 상호 대립적인 장기투자안에 효과적·효율적으로 투자하기 위한 목적으로 투자안을 비교·평가하는 일련의 체계적 과정을 의미한다. **종합예산편성**은 단기경영계획을 구체화한 것인 반면에 자본예산편성은 조직이 수행하고자 하는 전략적 의사결정을 구체화한 것이다.

[문 2] 세금이 존재하는 경우 세후현금흐름은 일반적으로 세전현금흐름에서 세금을 공제하게 되어 세금이 없을 때에 비해 낮은 수치로 산정된다. 이 밖에도 감가상각비 감세효과, 고정자산 처분 이득 및 손실의 감세효과 및 기타 국가정책에 따른 투자세액공제 효과 등이 자본예산편성상 세금에 의해 영향을 받는 항목들이다.

[문 3] ① 현금흐름할인법(NPV, IRR법)
② 회수기간법(전통적, 할인회수기간, 긴급회수기간)
③ 발생주의회계적 수익률법(ARR)

[문 4] 순현재가치법(NPV)과 내부수익률법(IRR)이다.
NPV법에서는 재투자수익률이 요구수익률로 계산되고 **IRR법**에서는 내부수익률로 계산된다. 내부수익률법에서는 재투자율이 단기투자안의 수익률과 동일하다고

가정하고 있다. 그러나 NPV법에서는 경쟁적 투자안에서 회수되는 자금이 회사의 요구수익률로서만 재투자될 수 있다고 가정한다. 따라서 NPV가 보다 현실적인 가정에 기초하고 있다.

[문5] **회수기간법**이란 투자액을 과연 얼마만에 회수하는가에 초점을 맞추어 투자안을 평가하는 기법이다. 회수기간법의 단점은 ① 현가계산이 무시된다는 점과 ② 회수기간 이후의 현금흐름을 무시하여 투자안의 수익성에 대한 고려가 이루어지지 않는다는 점들을 꼽을 수 있다.

[문6] 이는 기회비용개념으로 설명할 수 있다. 즉, 회수기간법은 미래가 불확실하다는 점과 프로젝트에 투자가능한 자금이 한정되어 현행 투자안에 자금을 투입할 경우 미래에 새로이 대두될 훌륭한 투자기회를 놓치지 않기 위해서는 기존투자액을 조속히 회수할 필요가 있다는 경영진의 경험(즉, 유동성 확보의 중요성)을 잘 반영하고 있다.

[문7] 회계적이익률법(ARR)이란 비록 화폐의 시간가치를 고려하지 않는다는 단점을 갖고 있지만 쉽사리 장부에서 구할 수 있는 회계이익 수치를 토대로 투자안의 수익성을 분석하는 기법을 의미한다. 실무에서는 장부상의 세후당기순이익을 쉽게 구할 수 있어 이를 주로 사용한다.

[문8] 재고자산이나 외상채권 등에 묶인 자금은 그만큼 자금의 활용기회를 놓치게 하기 때문에 기회비용을 발생시킨다. 자본예산편성에서는 운전자본이 투자된 시점에 현금유출로 잡고 분석기간말에 동일금액이 회수되는 것으로 가정하여 현가계산을 한다. 따라서 운전자본의 규모가 크거나 투자시점과 회수시점간의 간격이 클수록 현가계산은 불리하게 되기 때문이다.

[문9] 자본지출을 통제하기 위한 목적에서 당초 승인된 자본예산과 실제성과를 비교·분석하는 재무적 통제기법이며, 제안 → 승인 → 실행 → 운영으로 이루어지는 자본예산편성과정의 맨 마지막 단계에 해당된다. 사후감사는 다음과 같은 장점(유용성)을 갖는다.

전반적 계획수립, 정책, 절차, 추정 및 예측기법 등의 약점을 파악하여 미래에 동일한 우를 범하지 않게 한다.

프로젝트의 효과성을 개선시킬 시정조치를 적시에 권고할 수 있다.

지나치게 낙관적인 추정치를 제시하는 제안자를 식별하여 보다 현실적인 추정을 하도록 유도할 수 있으며 의사결정자의 판단능력평가를 위한 기초자료를 제공한다.

투자규모가 커서 승인받지 못할 것을 우려하여 다수의 소액투자로 위장하는 경우를 파악해 낼 수 있다.

자본예산편성과정 전반에 걸친 검토에 유용하다.

[문10] ① 감가상각허용액, ② 자산의 감가상각기간, ③ 허용되는 감가상각방법

[문A1] 명목할인율은 ① 실질이자율과 ② 인플레이션의 두 가지를 감안하여 결정된다. 즉, 명목이자율은 투자위험과 인플레이션에 의한 일반구매력 감소를 보상하기 위

해 투자안이 벌어들여야 할 수익률을 말한다. 그리고 실질할인율은 인플레이션이 없을 경우 투자위험을 보상하기 위해 투자로부터 벌어들여야 할 수익률을 말한다.

[문A2] 실질할인율법을 이용하여 인플레이션하의 자본예산을 편성하는 경우의 감가상각비의 감세효과는 우선 매년의 명목상의 감가상각금액(A)을 현금흐름과 동일한 실질화폐금액(B)(B = $\frac{A}{(1+\text{인플레이션율})^n}$)으로 수정한 후 매년의 감세효과(C)(C = B × 현가지수)를 계산해야 한다. 만약 명목상의 금액인 감가상각비 금액을 실질화폐로 표시된 항목처럼 누적인플레이션을 이용하여 명목할인율은 ① 실질이자율과 ② 인플레이션의 두 가지를 감안하여 결정된다. 즉, 명목이자율은 투자위험과 인플레이션에 의한 일반구매력 감소를 보상하기 위해 투자안이 벌어들여야 할 수익률을 말한다. 그리고 실질할인율은 인플레이션이 없을 경우 투자위험을 보상하기 위해 투자로부터 벌어들여야 할 수익률을 말한다.

객관식

[문1] ①

회계적이익률법(ARR)은 현금흐름이 아니라 회계적 이익에 의하여 투자안을 평가한다.

[문2] ③

보기 b에서 인플레이션에 의한 조정정도에 따라 운영현금흐름의 명목금액 달라질수 있다.

[문3] ③

회수기간= $\frac{\text{최초투자액}}{\text{세후증분현금유입액}}$ 이다. 회수기간법은 화폐의 시간가치를 고려하지 않는 비할인모형으로서 이자율은 고려할 필요가 없다. 회수기간법은 회수기간 이후의 현금흐름을 무시한다는 단점이 있다.

[문4] ②

기계의 감가상각비 = ₩1,000,000 ÷ 10년 = ₩100,000

감가상각비의 감세효과 = ₩100,000 × 25% = ₩25,000

[문5] ②

법인세를 고려할 경우, 고정자산의 처분손실은 법인세를 줄여주는 역할을 한다(세금효과). 나라기획의 복사기를 대체할 경우 투자시점의 현금유출액은 다음과 같다.

신형복사기의 취득원가	₩(10,000,000)
구형복사기의 처분가액	1,500,000
구형복사기 처분손실로 인한 법인세 절감효과*	250,000
투자시점의 현금순유출액	₩8,250,000

* (₩2,500,000 − 1,500,000) × 25% = ₩250,000

[문6] ③

투자금액을 X라고 하면

NPV = −X + ₩50,000 × 0.87 + ₩80,000 × 0.756 + X × 0.1 × 0.756 > 0

∴ X < ₩112.484

[문7] ②

매년의 감가상각비 = (₩100,000 − 0) ÷ 10년 = ₩10,000

매년의 세후현금흐름 = ₩2,000 + 10,000 = ₩12,000

연금현가계수를 F라 하면 ₩12,000 × F = ₩100,000   ∴ F = 8.33

현가계수 F는 할인율 3%와 5%의 중간에 위치하므로 IRR은 3%초과 5% 미만이다.

* 보간법으로 정확한 내부수익률을 구하면 다음과 같다(아래 그림 참조).

(x − 3) : (5 − 3) = (8.53 − 8.33) : (8.53 − 7.721)   ∴ x = 3.49%

할인율	3%	x%	5%
연금현가계수	8.53	8.33	7.721

[문8] ①

<힌트> 비할인모형인 회수기간법에서는 자본비용을 무시한다. 또한 회수가간은 세후 연간 순현금유입액을 구한 후 도출하여야 한다.

연간 세후증분이익

Ⅰ. 증분수익(400시간 × ₩1,000/시간)		₩400,000
Ⅱ. 증분비용		
Ⅱ-1. 운영비	₩200,000	
Ⅱ-2. 감가상각비(₩450,000 ÷ 5년)	90,000	(290,000)
Ⅲ. 세전증분이익		110,000
Ⅳ. 세금(t = 0.3)		(33,000)
Ⅴ. 세후증분이익		₩77,000

• 세후 연간 순현금유입액 = 세후증분이익 + 감가상각비
= ₩77,000 + 90,000 = ₩167,000

• 회수기간 = $\dfrac{\text{초기투자액}(I)}{\text{세후 연간 순현금유입액}(C)} = \dfrac{450,000}{167,000}$ = 2.69년

<별해> 세후 연간 순현금유입액의 계산

연간 현금비용절감액 = (S − O) = 400시간 × ₩1,000/시간 − ₩200,000
= ₩200,000

D = (₩450,000 − 0) ÷ 5년 = ₩90,000

$$(S-O)(1-t)+D\times t=₩200{,}000\times(1-0.3)+₩90{,}000\times0.3=₩167{,}000$$

[문9] ②

D = (₩1,000,000 − 0) ÷ 10년 = ₩100,000

NI(세후) = (₩240,000 − 100,000) × (1 − 0.25) = ₩105,000

$$\therefore \text{ARR(최초투자액기준)} = \frac{105{,}000}{1{,}000{,}000} = 0.105$$

주관식

[문1] 법인세 고려효과

(단위 : 천원)

연간노무비절감액	₩20,000
−감가상각비	10,000
=세전이익 증가분	10,000
−증분세금(40%)	4,000
=세후이익 증가분	6,000
+법인세(비현금지출)	10,000
=연간현금유입액	₩16,000

(단위 : 천원)

Sketch of cash flow

0	1	2	3	4	5
(50,000)	16,000	16,000	16,000	16,000	16,000

현가(PV)계산 : ₩16,000 × PA n=5, i=12% − ₩50,000

= ₩16,000 × 3.6048 − ₩50,000

= ₩57,676.8 − ₩50,000 = ₩7,676.8

결론 : NPV가 영보다 크므로 기계화를 이룰 필요가 있다.

주1) 연간현금유입액의 또 다른 계산방법 :

세후노무비절감액 :	₩20,000 × (1 − 0.4) =	₩12,000
+감가상각비 감세효과 :	₩10,000 × 0.4 =	₩4,000
		₩16,000

주2) 위에서 가정한 ₩20,000,000의 추정액 대신에 과연 동 기계화가 타당성을 갖기 위해 필요한 최저 기대노무비절감액을 무차별점 접근법으로 구할 수 있다. 즉, 만약 동 금액을 k라고 하면,

k × PA n=5, i=12% = 50,000   ∴ 3.6048k = 50,000

∴ k = 50,000 ÷ 3.6048 = 13,870, 즉 연간 노무비절감액이 ₩13,870,000이면 충분함.

[문2] 자본예산편성기법의 비교

기본적인 계산 :	
최초투자액 :	
감가상각대상	₩27,740
운전자본	3,000
합 계	₩30,740
영업활동 :	
현금유입	₩25,000
현금지출	−15,000
순현금유입	₩10,000
투자회수액 :	
설비자산처분가치	₩2,000
운전자본회수	3,000
합 계	₩5,000

1. 10% 할인율에서의 순현재가치

	0	1	2	3	4
최초투자액	₩(30,740)				
영업활동	−	10,000	10,000	10,000	10,000
투자회수액	−	−	−	−	5,000
현재가치계수 10%	−	0.909	0.826	0.751	0.683
현금유입액	₩35,105	9,090	8,260	7,510	10,245
순현재가치	₩4,365				

2. 내부수익률

10%의 할인율에서 이 제안은 정(+)(positive)의 순현재가치를 가지기 때문에 내부수익률은 10% 이상이 될 것이다.

$\text{IRR} = ₩30,740 - \left(\frac{10,000}{(1+r)} + \frac{10,000}{(1+r)^2} + \frac{10,000}{(1+r)^3} + \frac{15,000}{(1+r)^4}\right) = 0$을 만족하는 할인율을 구하면 된다. 이를 시행오차법을 통해 구하면 내부수익률은 16%로 계산된다(아래 참조).

	0	1	2	3	4
최초투자액	₩(30,740)				
영업활동	−	10,000	10,000	10,000	10,000
투자회수액	−	−	−	−	5,000
현재가치계수 16%	−	0.862	0.743	0.641	0.552
현금유입액	₩30,740	8,620	7,430	6,410	8,280
순현재가치	0				

3. 회수기간 = $\frac{₩30,740}{₩10,000}$ = 3.074년

4. 최초투자액과 평균투자액에 의한 회계적 수익률

영업활동으로부터의 연간 순현금유입액	₩10,000
차감 : 평균연간감가상각비[(₩27,740 − ₩2,000)/4]	− 6,435
평균 연간 순이익 증가액	₩3,565

평균투자액 = $\frac{₩30,740 + ₩5,000}{2}$

= ₩17,840

최초투자액에 의한 회계적 수익률 = $\frac{₩3,565}{₩30,740}$

= 0.1160 또는 11.60%

평균투자액에 의한 회계적 수익률 = $\frac{₩3,565}{₩17,870}$

= 0.1995 또는 19.95%

[문3] 회수기간법

전통적 회수기간은 투자안의 누적현금유입액이 초기투자금액을 초과하는 기간을 말한다. 반면 할인회수기간은 적절한 할인율로 할인된 현금유입액의 합계가 초기투자금액을 초과하는 기간을 말한다. 전통적 회수기간과 할인회수기간의 산출을 위한 각각의 현금흐름은 다음과 같으며, 정확한 기간의 산정은 보간법을 사용하여 구한다.

연도	전통적 회수기간		할인회수기간			
	현금유입액	누적 현금유입액	현금유입액	현가수치	할인된 현금유입액	누적 할인된 현금유입액
1	₩15,000	₩15,000	₩15,000	0.8621	₩12,932	₩12,932
2	15,000	30,000	15,000	0.7432	11,148	24,080
3	20,000	50,000	20,000	0.6407	12,814	36,894
4	20,000	70,000	20,000	0.5523	11,046	47,940
5	15,000	85,000	15,000	0.4761	7,142	55,082
6	10,000	95,000	10,000	0.4104	4,104	59,186

① 전통적 할인기간 = 3년 + $\frac{55,000 - 50,000}{20,000}$ = 3.25년

② 할인 회수기간 = 4년 + $\frac{55,000 - 47,940}{7,142}$ = 4.99년

[문4] 투자안의 세후효과+NPV

1. 연간 순현금유입액=(₩60,000−₩45,000)×(1−0.3)+₩6,000* ×0.3=₩12,300

   $$* \text{ 매년 감가상각비} = \frac{30,000}{5\text{년}} = ₩6,000$$

2. NPV=−₩30,000+₩12,300×3.7908=₩16,627

[문5] 자본예산편성 : 신기계로의 대체

설비대체의사결정

구분	기존연삭기계 유지	신연삭기계 구입	증분현금흐름
증분투자액			
수선비	₩4,000×(1−0.4)=2,400		₩2,400
구기계처분		₩20,000−(20,000−8,000)×0.4=15,200	15,200
신기계구입		₩40,000	(40,000)
설치비		6,000	(6,000)
			(₩28,400)
차액현금흐름(연간)			
제조원가		₩6,000×(1−0.4)=3,600	₩3,600
감가상각비절세효과	$8,000\times\frac{1}{10}\times0.4=320$	$(40,000+6,000)\times\frac{1}{10}\times0.4=1,840$	1,520
			₩5,120
투자종료시점(처분)	(20,000−0)×(1−0.4)=12,000	(2,000−0)×(1−0.4)=1,200	(₩10,800)

[문6] 자본예산편성 + 무차별점

P : ₩500

V : 300

CM: ₩200/단위당　　　Let Q : 판매량,

감가상각비 = ₩200,000/년,　　세율 : 40%

DTS(감가상각비 감세효과) = ₩80,000(=₩200,000×0.4)

고정비 : ₩600,000

(단위 : 천원)

0	1	2	3	4	5	
(1,000)						초기투자
	120Q	120Q	120Q	120Q	120Q	세후공헌이익
	(360)	(360)	(360)	(360)	(360)	세후고정비
	80	80	80	80	80	DTS

따라서 매년 순현금유입액 = 120Q−280,000

$\therefore$ $PA_{n=5,\ i=10\%}$ (120Q−280,000) ≥ 1,000,000

3,791(120Q−280,000) ≥ 1,000,000

Q ≥ 4,531.6 (따라서 **4,532**개)

<별해> 매년 세후이익 = [200Q − 600,000(FC) − 200,000(감가상각비)]
× 0.6 = 120Q − 480,000 (1)
비현금지출 감가상각비 = ₩200,000 (2)
따라서 매년 순현금유입액 = (1) + (2) = 120Q − 280,000
결국 위와 동일한 결과를 얻음.

[문7] 법인세 절감효과

1. (1) 감가상각비의 차이에 의한 현금흐름의 현재가치

연도	신기계감가상각비(연수합계법)	구기계감가상각비	차 이	절세효과[3]	현재가치[4]
1	₩1,800,000[1] × $\frac{5}{15}$ = ₩600,000	₩400,000[2]	₩200,000	₩60,000	₩52,620
2	1,800,000 × $\frac{4}{15}$ = 480,000	400,000	80,000	24,000	18,456
3	1,800,000 × $\frac{3}{15}$ = 360,000	400,000	(40,000)	(12,000)	(8,100)
4	1,800,000 × $\frac{2}{15}$ = 240,000	400,000	(160,000)	(48,000)	(28,416)
5	1,800,000 × $\frac{1}{15}$ = 120,000	400,000	(280,000)	(84,000)	(43,596)
					(₩9,036)

1) ₩2,000,000 − ₩200,000 = ₩1,800,000

2) (₩2,500,000 − ₩100,000) × $\frac{1}{6}$ = ₩400,000

3) 차이금액 × 세율(30%)

4) 현재가치 = 절세효과 × 현가요소

(2) 현금영업비절감액의 현재가치
(₩300,000 − ₩100,000) × (1 − 30%) × 3.433 = ₩480,620

(3) 5년 후 잔존가치 차이의 현가
(₩200,000 − ₩100,000) × 0.519 = ₩51,900

2. 순현재가치

(1) 현재시점(0시점) 현금흐름

• 구기계처분	₩1,900,000
• 구기계처분손실 절세효과	
[(₩2,500,000 − ₩400,000) − ₩1,900,000] × 0.3 =	60,000
• 신기계 취득	(2,000,000)
합 계	(₩40,000)

(2) 5년간의 증분현금흐름의 현가

• 감가상각비효과	(₩9,036)
• 현금영업비 절감효과	**480,620**
• 잔존가치효과	**51,900**
합 계	₩523,484

(3) 순현재가치(NPV) = −₩40,000 + ₩523,484 = ₩483,484

NPV가 0보다 크므로 신기계로 대체한다.

3. 회계적 이익률법의 단점
   - 화폐의 시간적 가치를 고려하지 않는다.
   - 현금흐름이 아닌 회계이익으로 분석한다.

[문8] 관련 현금흐름 분석과 세금효과

1. 투자안 평가

신흥제지(주)						
연 도	지출액	절감액	감가상각	세 금	순현금흐름	현재가치
0	50,000,000	0	0	0	(50,000,000)	(50,000,000)
1	0	16,000,000	10,000,000	2,100,000	3,900,000	12,410,714
2	0	16,000,000	10,000,000	2,100,000	3,900,000	11,080,995
3	0	16,000,000	10,000,000	2,100,000	3,900,000	9,893,745
4	0	16,000,000	10,000,000	2,100,000	3,900,000	8,833,701
5	0	16,000,000	10,000,000	2,100,000	3,900,000	7,887,233
순현재가치(NPV)						₩106,389

이 프로젝트는 양(+)의 순현재가치를 갖는다. 따라서 회사입장에서 볼 때 이 프로젝트는 수용해야 한다.

2. 운송부 책임자는 ROI에 의해 평가된다. 운송부의 현행 투자액은 ₩50,000,000이고 현행 세후 순이익은 ₩7,000,000이므로 ROI는 14%(=7,000,000/50,000,000)이다. 한편, 신규투자 후 1차년도의 세후 순이익은 ₩10,900,000(=7,000,000+16,000,000−10,000,000−2,100,000)이며 총투자액은 ₩90,000,000(=50,000,000+50,000,000−10,000,000)으로 증가한다. 따라서 신규투자에 따른 1차년도의 ROI는 12.1%(=10,900,000/90,000,000)로 낮아진다.

   결론적으로 1차년도의 운영성과만을 평가대상으로 삼을 경우 운송부 책임자는 이 투자를 꺼리게 된다. 그러나 2차년도부터 5차년도까지의 ROI는 각각 13.6%, 15.6%, 18.2% 그리고 21.8%가 됨을 유념할 필요가 있다. 주의할 것은 각 연도의 이익수준은 동일한 반면 투자수준은 2차년도 ₩80,000,000에서 3차년도 ₩70,000,000, 4차년도 ₩60,000,000 그리고 5차년도 ₩50,000,000이라는 점이다. 요컨대 이 투자에 대한 운송부 책임자의 태도는 그가 얼마나 오랫동안 동일직

책을 유지할 것이냐에 따라 달라지게 된다.

3. 현행 EVA는 ₩1,000,000[=₩7,000,000−(₩50,000,000 × 0.12)]이다. 신규투자 후 1차년도의 EVA는 ₩100,000[(₩10,900,000−(₩90,000,000 × 0.12)]이다. 그리고 2차년도에서 5차년도까지의 EVA는 각각 ₩1,300,000, ₩2,500,000, ₩3,700,000 그리고 ₩4,900,000이다. 따라서 투자결정은 운송부 책임자가 얼마나 오랫동안 동일 직책에 있을 수 있느냐에 따라 달라진다.

[문9] 순현가법 : 세금과 인플레이션의 고려−(부록11A)

감가상각비 감세효과를 이해하고 감가상각비는 명목금액으로 인플레에 따라 조정되지 않는다는 점 그리고 세율이 40%인 점을 감안시 감가상각비 감세효과보다는 세금을 내지 않는 것이 현금흐름상 더 유리하다는 점을 이해하는 것이 핵심이다.

A: 세금이 없고 인플레도 없는 경우(No tax, No inflation)

=> 감가상각비 감세효과 없으며 명목가액 = 실질가액

B: 세금은 있고 인플레는 없는 경우(yes tax, No inflation)

=> 감가상각비 감세효과 있으며 명목가액 = 실질가액

C: 세금은 없고 인플레는 있는 경우(No tax, yes inflation)

=> 감가상각비 감세효과는 없고 명목가액은 실질가액과 다르다. 그러나 만약 명목할인율(32%)을 적용할 경우 미래 영업현금유입액은 인플레를 감안하여 늘어난 명목금액으로 바뀌기 때문에 결과적으로 A와 같은 현가를 기록한다.

D: 세금도 있고 인플레도 있는 경우(yes tax, yes inflation)

=> 감가상각비 감세효과는 있고 명목가액은 실질가액과 다르다. 세금공제 때문에 A와 C에 비해 적을 뿐만 아니라 B보다도 작다. 왜냐하면, 감가상각비는 인플레에 따라 조정되지 않는 명목금액이기 때문에 실질금액과 명목가액의 차이만큼 감가상각비 감세효과의 현재가치가 달라지기(낮아지기) 때문이다.

이를 종합하면, A = C > B > D

[문10] 세금과 인플레이션의 결합 유무−(부록 11A)

1. No tax, No inflation

	t_1	t_2	t_3	t_4	t_5	
(10,000)						
	3,000	3,000	3,000	3,000	3,000	현금유입액(실질금액)

$$NPV = PA_{n=5,\ i=10\%}\ 3{,}000 - 10{,}000$$
$$= 3.791 \times 3{,}000 - 10{,}000 = ₩1{,}373$$

2. tax(40%), no inflation

(10,000)

	1,800	1,800	1,800	1,800	1,800	세후 현금유입액(실질금액)
	800	800	800	800	800	DTS(감가상각비 감세효과)

$$\begin{aligned}NPV &= PA_{n=5,\ i=10\%}\ 2{,}600 - 10{,}000\\ &= ₩\,(143.4)\end{aligned}$$

3. No tax, inflation(20%) ⇒ 명목할인율 $= 1.1 \times 1.2 = 1.32(32\%)$

(10,000)

$3{,}000 \times 1.1$ $3{,}000 \times 1.1^2$ $3{,}000 \times 1.1^3$ $3{,}000 \times 1.1^4$ $3{,}000 \times 1.1^5$

NPV = 5개년도의 명목금액을 개별적으로 32%로 할인한 결과는 1번 결과와 동일한 ₩1,373

4. tax(40%), inflation(20%)

(10,000)

	$1{,}800 \times 1.1$	$1{,}800 \times 1.1^2$	$1{,}800 \times 1.1^3$	$1{,}800 \times 1.1^4$	$1{,}800 \times 1.1^5$	세후 유입액(명목)
	800	800	800	800	800	DTS(명목)

$$\begin{aligned}NPV &= PV_{n=1,\ i=32\%}\ 2{,}780 + PV_{n=2,\ i=32\%}\ 2{,}978 + \cdots - 10{,}000\\ &= 2{,}106 + 1{,}709 + 1{,}389 + 1{,}132 + 923 - 10{,}000\\ &= ₩(2{,}741)\end{aligned}$$

(주) 4의 경우 핵심은 감가상각비란 명목금액으로 인플레가 있어도 다른 실질현금흐름처럼 증액조정되는 것이 아니기 때문에 2번의 경우보다 현가계산상 불리해진다.

(결론) NPV의 크기를 순서로 나타내면 1 = 3 > 2 > 4
기출 CPA 1차 문제는 이에 대한 이해를 묻고 있다.

Management Accounting

전략적 관리회계(I): 생산성 분석과 TOC 12

단답식 개념문제

01. 단일투입요소의 생산성을 측정하는 것을 **부분**생산성 측정이라고 하고, 모든 투입요소의 결합된 생산성을 측정하는 것을 **총요소**생산성(TFP) 측정이라고 한다.
02. 투입요소간의 상충관계가 존재하기 때문에 생산성 관련 의사결정에는 반드시 총요소생산성을 이용하여야 하며, 이때 총요소생산성은 **재무**생산성으로 측정되어야 한다.
03. 생산성 변화로 인한 이익의 변화정도를 측정하는 것을 **이익-연계**생산성 측정이라고 한다.
04. TOC는 모든 공정은 **장애요인(제약요인)**을 갖고 있으며 결코 최종생산은 가장 취약한 부분의 성과 이상이 될 수 없다는 인식에서 출발한다.
05. TOC에서는 매출액에서 직접재료비를 차감한 수치를 **스루풋**으로 정의내리고 이를 극대화하는 방안을 모색한다.

[문1] 생산성이란 목표로 삼는 작업이 효율적으로 이루어졌는지를 다루는 것으로 산출량과 투입량과의 관계에 중점을 둔다.

[문2] 총요소생산성 또는 총생산성은 투입물의 상대적인 가격을 고려함으로써 산출물을 생산하기 위해 사용된 모든 투입물들의 결합된 생산성을 측정한다. 총요소생산성은 원가로 파악한 제품생산에 사용된 모든 투입물의 단위투입물금액당 산출물 수량을 말한다.

[문3] 동의한다. 배합비율은 생산시 투입되는 상이한 투입물 수량의 상대적 비율을 말하는데 투입물의 가격, 즉 원가를 고려하여 총투입원가를 최소화하는 최적배합을 통해 배합효율성을 달성할 수 있다. 배합효율성은 투입물의 가격을 고려한다는 점에서 가격효율성이라고도 한다.

[문4] 부분생산성은 투입물에 대한 가격을 고려하지 않고 단순히 물량을 이용하여 구한 수치이다. 다만, 동 수치가 높을수록 생산성은 높다고 말할 수 있다. 단일요소의 생산성을 의미하기 때문에 부분생산성이라고 부르는데 여기에서 부분생산성

을 수량으로 나타내면 운영생산성, 그리고 금액으로 나타내면 재무생산성이라도 한다.

[문5] 프로필 생산성접근법은 특정 제품생산에 필요한 재료, 인력, 자본 등 다양한 투입요소 중 기업이 중요하다고 판단한 일부 투입요소에 관한 다양한 측정치의 조합을 토대로 생산성을 파악하는 방법을 말한다.

[문6] 이익-연계 생산성 측정은 생산성 변화로 인한 이익의 변화 정도를 측정하는 것을 의미한다.

[문7] 생산성중립원가(productivity-neutral cost)란 생산성 분석대상이 되는 양기간의 비교를 의미 있게 하기 위해 만약 전년도와 동일한 생산성이 금년도에도 실현되었다고 가정할 경우에 기대되는 원가를 말한다. 이는 마치 표준원가계산에서 실제원가와 표준원가를 비교하기 위해 중간에 이용하는 표준가격으로 평가한 실제투입원가를 활용하는 경우와 유사하다. 단지 표준가격 대신에 전년도 생산성을 적용한다는 점에서만 차이를 보이다.

[문8] 총요소생산성은 모든 투입물을 동시에 고려하는 동시에 투입가격을 토대로 투입요소간의 상충관계를 고려한다. 이에 반해 부분생산성은 한 번에 한 가지 투입요소만을 감안할 뿐이기 때문에 투입요소간의 상충관계를 감안하지 못한다. 또한 총요소생산성은 특정 투입요소의 부분생산성 감소가 보다 큰 규모의 다른 투입요소의 부분생산성의 증가로 인해 보상을 받는지를 파악하게 한다.

[문9] 동의한다. 제약공정은 산출물 생산속도를 지연시키는 장애요인으로 이를 해소하여 스루풋 개선하는 것이 TOC의 주요 내용이다. 비제약공정의 효율성을 제고시키기 위한 투자는 오히려 비부가가치적인 재고 쌓기가 되고, 기업 전체적으로는 마이너스(−)가 된다.

[문10] ① 병목공정의 작업을 단순화하여 처리속도를 높인다(공정개선). ② 셋업시간을 단축한다. ③ 병목공정작업을 중단시킬 수 있는 (원재료나 기계 등의) 품질을 높여 품질문제를 사전에 방지한다.

[문11] 동의한다. 변동원가계산에서는 재료비 이외에 변동노무비와 변동제조간접비를 합친 수치로 재고자산을 평가함에 비해 TOC는 재료비만으로 재고자산을 평가하기 때문에 변동원가계산과 다르다. 이런 특징을 감안하여 TOC에 의한 변동원가계산을 초변동원가계산이라고 한다.

객관식

[문1] ①

보기 a에서 복수 투입물의 상이한 가격을 감안하는 가운데 동일 산출물을 가급적 낮은 투입원가로 생산하는 것을 장려하는 배합효율성은 일종의 가격효율성이다.

보기 d에서 부분생산성이란 단일 투입요소의 생산성을 말한다.

[문2] ④

전사적 최적화를 강조하는 제약이론은 물론 병목공정의 효율화를 추구하지만 동시에 비병목공정의 효율화는 우선대상에서 제외하는 가운데 생산수량의 최대화(효과성)라는 조직목표 달성을 강조한다.

[문3] ③

[문4] ②

[문5] ⑤

20x2년 생산량과 가격을 감안한 PNQ(생산성중립원가)

= 1,000 × 1.5 × ₩20 + 2,000 × 1.5 × ₩8

= ₩54,000

따라서 20x2년 실제원가(₩44,000)는 생산성중립원가에 비해 ₩10,000이 낮아 유리한 차이가 생겼다.

[문6] ③

[리스한다면]

증분수익		
매출액 증가분(100단위×₩60)		₩6,000
증분비용		
제1공정 변동원가 증가분(100단위×₩30)	₩3,000	
제2공정 변동원가 증가분(100단위×₩10)	1,000	
리스료 증가분	1,000	5,000
증분이익		₩1,000

[문7] ③

	드릴	삽입	포장
시간당 처리 부품 개수	30,000	36,000(=12×3,000)	20,000(=2×10,000)
제약공정			O

40시간에 처리할 수 있는 포장공정의 부품 수 = 20,000 × 40 = 800,000개

[문8] ①

DM(직접재료비) = ₩455,000(= 500,000 − 45,000)

DL(직접노무비) = (DM + DL) × 0.3 ······················ (1)

OH(제조간접비) = (DL + OH) × 0.4 ······················ (2)

식 (1), (2)에 의해

DL = ₩195,000, OH = ₩130,000

스루풋 코스팅에서 재료비를 제외한 나머지는 운영비로 처리한다.

따라서 손익계산서는

Ⅰ. 매출액 ₩900,000

− Ⅱ. 재료비	355,000	(=455,000 − 100,000*) *: 기말재고
Ⅲ. 스루풋	545,000	
− Ⅳ. 운영비	525,000	(=195,000 + 130,000 + 200,000)
Ⅴ. 영업이익	₩ **20,000**	

주관식

[문1] 생산성 분석(1)

1. 2020년도

$$\text{재료생산성} = \frac{13{,}200\text{개}}{1{,}000\text{리터}} = 13.2$$

$$\text{노동생산성} = \frac{13{,}200\text{개}}{360\text{시간}} = 36.67$$

2. 2019년 재료생산성 $= \frac{10{,}700\text{개}}{900\text{리터}} = 11.89$

$$\text{재료생산성 개선정도} = \frac{13.2 - 11.89}{11.89} = 0.11$$

$$\text{2019년 노동생산성} = \frac{10{,}700\text{개}}{320\text{시간}} = 33.43$$

$$\text{노동생산성 개선정도} = \frac{36.67 - 33.43}{33.43} = 0.0969$$

3. 2020년 총요소생산성 $= \frac{13{,}200}{1{,}000 \times 30 + 360 \times 250} = 0.11$

$$\text{2019년 총요소생산성} = \frac{10{,}700}{900 \times 30 + 320 \times 250} = 0.1$$

$$\text{총요소생산성 개선정도} = \frac{0.11 - 0.1}{0.1} = 0.1$$

[문2] 생산성 분석(2): 생산성 변화의 차이 분석

1. 2020년의 총요소생산성

$$\frac{525{,}000}{9{,}500 \times 25 + 610{,}000 \times 1.25} = 0.525$$

2. 2020년도 가격자료를 이용한 2019년도 총요소생산성

$$\frac{375{,}000}{7{,}500 \times 25 + 450{,}000 \times 1.25} = 0.50$$

총요소생산성 개선정도 $= \dfrac{0.525 - 0.5}{0.5} = 0.05$

따라서 5% 개선되었다.

3. 2019년의 실제 주요원가 : 450,000 × 1.20 + 7,500 × 20 = 690,000
   2020년의 실제 주요원가 : 610,000 × 1.25 + 9,500 × 25 = 1,000,000

4.

	2020년의 실제원가: 2020년 산출물 생산하기 위해 사용된 투입물의 실제단위 ×2020년 가격 (1)	2020년 산출물 생산하기 위해 2019년에 사용되어야 했던 투입물의 실제단위 ×2020년 가격 (2)	2020년 산출물 생산하기 위해 2019년에 사용되어야 했던 투입물의 실제단위 ×2019년 가격 (3)	2019년의 실제원가: 2019년 산출물 생산하기 위해 사용된 투입물의 실제단위 ×2019년 가격 (4)
직접재료비	9,500 × ₩25 ₩237,500	10,500 × ₩25 ₩262,500	10,500 × ₩20 ₩210,000	7,500 × ₩20 ₩150,000
직접노무비	610,000 × ₩1.25 ₩762,500	630,000 × ₩1.25 ₩787,500	630,000×₩1.20 ₩756,000	450,000 × ₩1.20 ₩540,000
모두 투입 (재료+노무비)	₩1,000,000	₩1,050,000	₩966,000	₩690,000
	₩50,000 F 생산성 변화	₩84,000 U 투입물가격변화	₩276,000 U 산출물조정	
	₩23,000 U 총원가변화			

생산성 기인차이 = ₩50,000(F)

[문3] 제약이론

1. 증분수익 : 스루풋 증가(100 − 60) × 200개 = ₩8,000
   증분비용 : 첨단설비원가(렌탈) = 10,000
   증분이익 : ₩(2,000)
   ∴ 증분손실 ₩2,000이므로 활용하지 않는다.
2. 제약공정인 마무리공정을 외부에서 하게 되면 스루풋이 증가하게 된다.
   증분수익 : 스루풋증가 (100 − 60) × 100개 = ₩4,000
   증분비용 : 외부비용 30 × 100개 = 3,000
   증분이익 : ₩1,000
   증분이익은 ₩1,000이다.

[문4] 제약이론 + 관련원가분석

1. 제약공정 : 조립공정
   스루풋 = 가격 − 직접재료비 = 70,000 − 30,000 = ₩40,000

증분수익 = 40,000 × 1,000 = 40,000,000
증분비용 = 임차비용 30,000,000
증분이익 = **10,000,000**
∴ 자동화된 설비를 임차한다.

2. 2,000개 × 30,000 = ₩60,000,000(회피가능한 재료비)
3. 2,000개 × 40,000 = 80,000,000(스루풋 감소)
   2,000개 × 30,000 = 60,000,000(재료비 감소)
   ₩140,000,000(회사전체 손실액)*

* 제약공정인 조립공정의 불량품 발생은 곧 판매가(즉, 단위당 ₩70,000) 상실을 의미한다.

[문5] 생산성 분석

1.

	2018년	2019년	
직접재료 :	1.25	1.29	↑
직접노무시간 :	2	2.6	↑
전력 :	5	4.66	↓

2.

	2018년	2019년
Ⅰ. 매출액(sales)	₩50,000	₩70,000
− Ⅱ. 투입원가(cost of inputs)	34,000	42,900
Ⅲ. 이익(profit)	**₩16,000**	**₩27,100**

∴ ₩11,000 증가

3.

	2019년(PNQ×2019)	2019년(실제)	
직접재료 :	28,000		
직접노무시간 :	22,400		
전력 :	4,200		
	54,600	42,900	→ 차이 11,700(F)

∴ 이익연계 생산성 11,700(F)

4. 가격보상차이 = 이익변화(11,100) − 이익연계생산성(11,700) = 600(U)

5. 2019년 TFP $= \dfrac{7,000}{42,900} = 0.1632$

2018년 TFP $= \dfrac{5,000}{2,500 \times 8 + 4,000 \times 4 + 1,000 \times 3} = 0.1282$

$$\therefore \ \frac{0.1632 - 0.1282}{0.1282} = 27.3\% \text{ 개선}$$

[문6] 제약이론, 관련원가

1. 390,000단위의 알약제조에 소요되는 직접재료비는 ₩156,000이므로 알약 한 단위당 직접재료비는 ₩0.4이다.

   알약 한 단위당 판매가격은 ₩1이므로 단위당 스루풋 공헌이익은 ₩0.6(=1 − 0.4)이다.

   알약제조는 병목공정이므로 19,500단위의 알약을 추가제조하는 것은 추가적 영업이익을 발생시킨다.

   단위당 추가적 영업이익 = 단위당 스루풋 공헌이익 − 단위당 추가적 영업원가
   = ₩0.6 − ₩0.12 = ₩0.48

   영업이익은 ₩0.48 × 19,500 = ₩9,350만큼 증가하므로 홍익제약은 외부계약자의 제안을 수락해야 한다.

2. 혼합부문의 작업원가는 고정비이므로 혼합활동을 외부계약자와 계약하는 것은 혼합부문의 원가를 절감해주지 못하며 혼합물 그램당 ₩0.07의 추가적 원가를 발생시킨다. 알약제조가 병목공정이므로 직접재료를 혼합하는 것은 스루풋 공헌이익에 미치는 영향이 없다. 따라서 홍익제약은 외부계약자의 제안을 거절해야 한다.

3. 품질개선으로 인한 효과는 ₩10,000이며 홍익제약은 이전에도 동일한 양의 직접재료를 사용하고 있었기 때문에 추가적인 직접재료원가는 발생하지 않는다. 10,000단위의 추가적인 알약은 매월 ₩10,000(₩1 × 10,000단위)의 추가적인 수익을 발생시킨다. 수정안의 월별 비용이 ₩7,000이므로 순이익은 ₩3,000이다.

4. 혼합물의 그램당 원가는 ₩156,000/200,000g = ₩0.78이다. 따라서 10,000그램의 혼합물의 원가는 ₩7,800이다. 이는 혼합공정개선의 비용(₩9,000)에 못 미치는 금액이다. 따라서 홍익제약은 품질개선안을 수락하면 안 된다.

5. 3번과 4번의 해답을 참조하라. 혼합공정의 품질개선효익은 재료원가의 절감이며 알약제조부문(병목공정)의 품질개선으로 인한 효익은 재료원가의 절감과 병목제약완화로 인한 매출신장의 추가적인 스루풋 공헌이익이다.

[문7] 제약이론 + 관련원가분석

1. (1) SA공정 : 최대생산량이 공손포함해서 5,000개이므로 투입량은 5,000개가 된다.
   ① 공손수량 : 5,000개 × 4% = 200개
   ② 단위당 고정제조원가(환산량 단위당 원가) : ₩700,000/5,000 = ₩140
   ③ 공손품원가 : 200개 × ₩120 + 200개 × ₩140 = ₩52,000

   (2) SB공정 : SA공정의 최대생산량 5,000개에서 200개를 뺀 4,800개가 SB공정의

투입량이 된다.

① 공손수량 : (5,000개 - 200개) × 0.05 = 240개

② 공손품원가 : 240개 × (₩260* + ₩30 + ₩25**) = ₩75,600

* 단위당 전공정비 = {4,800개(₩120 + ₩140)}/4,800개, 공손의 원가를 영업외 비용처리므로 전공정비에 포함된 정상공손원가는 없다.

** 단위당 고정제조원가(환산량 단위당 원가) = ₩120,000/4,800개 = ₩25

2. 외부구입하여 추가생산시 증분이익

Ⅰ. 증분수익 : 공헌이익의 증가 200개 × ₩(320 - 30)	=	₩58,000
Ⅱ. 증분비용 : 외부구입원가 200 × ₩200	=	40,000
Ⅲ. 증분이익 :		**₩18,000**

<결론> 증분이익이 0보다 크므로 외부구입하여 생산을 늘리는 것이, 즉 병목공정의 병목현상을 완화하는 것이 유리하다.

3. SA공정의 공손율인하 프로그램

Ⅰ. 증분수익 : 매출증가 5,000개 × (4% - 2%) × 95% × ₩320 =		₩30,400
Ⅱ. 증분비용 :		
추가가공비(SB) 5,000개 × (4% - 2%) × ₩30 =	₩ 3,000	
프로그램비용	15,000	18,000
Ⅲ. 증분이익 :		**₩12,400**

주) 매출증가분은 SB공정의 추가합격품수량인 5,000개 × (4% - 2%) × 95%개에 대해 해당되지만 추가가공은 공손이 공정종점에서 파악되므로 투입량의 증분인 5,000개 × (4% - 2%)개에 이루어진다는 사실에 주의하자.

<결론> 증분이익이 0보다 크므로 위의 프로그램을 도입해야 한다.

4. SB공정의 공손율인하프로그램

Ⅰ. 증분수익 : 매출증가 4,800개 × (5% - 2%) × ₩320 =	₩46,080
Ⅱ. 증분비용 :	
프로그램비용	20,000
Ⅲ. 증분이익 :	**₩26,080**

주) 매출증가분은 SB공정의 추가합격품생산량인 4,800개 × (5% - 2%)개에 대해 해당되지만 추가가공은 공손이 공정종점에서 파악되므로 투입량 4,800개에는 변함이 없다. 따라서 추가가공비는 없다.

<결론> 증분이익이 0보다 크므로 SB공정의 공손율인하 프로그램은 도입할 필요가 있다.

Management Accounting

전략적 관리회계(II): 커패서티 관리, 시간관리 및 지속가능경영과 관리회계 13

단답식 개념문제

01. 현행 서비스 또는 생산능력을 유지하거나 법에서 정한 의무사항을 이행함에 필요한 커패서티를 유지하는 데 소요되는 원가를 커패서티원가라고 한다.
02. 감춰진 비용(**hidden** costs)은 커패서티 관리와 관련하여 생산공정에 잠재되어 있는 낭비요소를 의미한다.
03. 신제품아이디어가 경영자에 의해 승인될 때부터 프로젝트로부터의 순현금유입액의 현재가치 누계액이 순투자지출의 현재가치 누적액과 같아질 때까지의 시간을 손익분기시간(BET: Break-Even-Time)이라고 한다.
04. 출시시간(time-to-**market**)은 신제품에 대한 최초의 개념이 경영자에 의해 승인된 때부터 시장에 출시될 때까지의 기간을 말한다.
05. 지속가능성(sustainability)이란 현세대뿐만 아니라 미래세대의 삶의 질의 개선을 목적으로 '미래세대에게 필요한 능력의 희생 없이 현세대의 필요능력을 충족시키는 발전'을 의미하며 이를 강조하는 경영을 지속가능경영이라고 부른다.
06. 경제적 성과, 사회적 성과 및 환경적 성과는 지속가능발전의 핵심 3요소로 불리는데 이를 흔히 triple **bottom** line으로 부른다.

[문 1] 커패서티는 최소의 자원으로 최대한의 고객가치를 창출하기 위해 제약자원을 100% 활용하는 기업의 산출능력을 말한다. 관리회계와 관련된 커패서티 이슈는 관련원가분석, 가격결정, 대체가격결정, ABC 등이 있다.

[문 2] 커패서티관리란 커패서티와 관련된 핵심개념을 조직구성원에게 알리고 커패서티 활용 정도를 측정·보고하며 커패서티를 기업가치 창출에 최대한 활용하기 위해 수행하는 관리를 의미한다.

[문 3] 각자가 커패서티를 상이하게 이해하기 때문이다. 커패서티 개념은 직위나 담당업무 등에 따라 상이하게 이해되거나 상이한 용어로 상이하게 측정되기도 한다.

[문 4] CAM-I 커패서티 분류모델은 유휴커패서티, 비생산적 커패서티, 생산적 커패서티라는 분류체계를 특징으로 한다. 그리고 이 모델의 장점은 전통적인 커패서티모

델에 관한 분류를 보다 상세히 함으로써 경영진에게 커패서티관리와 관련된 유용한 정보를 제공한다.

[문5] 감춰진 비용이란 커패서티관리와 관련하여 생산공정에 잠재되어 있는 낭비요소를 의미한다. 이는 총가용자원인 커패서티의 사용현황과 관련하여 다섯 가지로 구분될 수 있다.

① 정의적 낭비: 이론조업도를 포기하고 어느 정도의 낭비를 포함하는 정상조업도를 기준조업도로 정의함으로써 발생하는 낭비를 말한다. 이러한 정의상의 낭비는 이론적 조업도의 개념을 재조명하고 기존의 커패서티의 활용방식을 재조정함으로써 줄일 수 있다.

② 관리적 낭비: 병목자원에 기인한 낭비를 말한다. 병목자원에 대한 고려를 하지 않고 단순히 단위당 노동시간이나 생산성에만 집중할 경우 발생하는 낭비이다.

③ 기술적 낭비: 기업이 필요로 하는 생산량과 품질 및 공정을 최적으로 조화시키지 못함으로써 발생하는 낭비를 말한다. 기술수준의 발전과 더불어 기업의 원가구조는 변하고 있으나 이를 적절히 대처하지 못할 경우에 낭비가 발생한다.

④ 회계적 낭비: 표준원가시스템이나 전부원가시스템 등이 경영자가 추구하는 전략적인 목표를 달성할 수 있도록 목표일치화를 이루지 못해 발생하는 낭비이다. 커패서티활용상의 낭비요소를 측정하여 경영자에게 보고하여 적절한 조치를 취할 수 있게 하는 것이 필요하다.

⑤ 구조적 낭비: 투입요소가 항상 고객이 필요로 하는 재화의 생산이 요구되는 수준으로 적정하게 공급되지 않음으로 인하여 발생하는 낭비이다. 가장 회피하기 힘든 낭비로써 커패서티를 재정의하고 아웃소싱을 활용하는 방안으로 최소화할 수 있다.

[문6] 유사점은 커패서티관리에 유용한 낭비를 체계적으로 분류했다는 점이고 차이점은 Fishbone Chart의 경우 특정유형의 낭비를 초래하는 원인에 대한 도시적 요약이 추가되어 있다는 점이다.

[문7] 공학적 원가란 투입과 산출간에 명확한 인과관계를 식으로 표현할 수 있는 원가를 말하는데 재료비, 수도광열비, 물류비 등이 이에 해당한다. 이들 원가는 대부분의 경우 유휴커패서티가 발생할 경우 회피가능하다.

[문8] 임의재량원가는 예산지출에 관한 경영자의 의사결정에 따라 그 규모나 발생시점이 좌우되는 원가를 말하는데 연구개발비, 교육훈련비 및 광고비 등이 이에 해당한다. 임의재량원가는 장기적이고 전략적인 커패서티 관리대상이 된다.

[문9] ABC는 4단계 원가계층별로 공급된 커패서티와 실제 사용된 커패서티 간의 차이를 통해 미사용된 커패서티를 파악함으로써 이들 자원을 효율적으로 관리할 수 있게 한다.

[문10] 신제품 출시기간의 단축, 고객대응시간의 단축 등 시간관리를 잘할 경우 시장을 남보다 먼저 선점하고 고객만족의 증가를 통해 매출수익규모를 늘리는 것이 가능

할 뿐만 아니라 업무처리시간의 단축은 원가절감을 가져와 기업의 경쟁력(특히, 가격경쟁력) 제고에 기여한다.

[문11] ① 장기적인 원가절감은 품질 및 신뢰도 그리고 스피드에서의 개선을 이룬 연후에 가능하며, 특정 전략경영에서의 개선은 누적적으로 다른 분야에 효과를 미치게 된다는 점이다.

② 한 변수의 계산이 다른 변수의 계산에 미치는 누적적 효과는 확산적이라는 점이다.

[문12] 시간동인은 특정활동의 속도를 변동시키는 어떤 변수라고 정의된다. 적시배달률, BET와 같은 운영적 또는 전략적 성과측정치를 고안하고 이를 성과평가에 활용함으로써 경영진이 강조하는 방향과 관리대상을 전달하고 관리할 수 있다. 이러한 시간관련 측정치가 어떤 경로를 통해 궁극적인 재무성과의 개선을 가져오는지를 관련종업원들에게 알리고 새로운 측정치를 고안하는 데 관리회계담당자는 주도적인 역할을 수행해야 한다.

[문13] 손익분기시간(BET)은 신제품에 대한 최초의 개념이 경영자에 의해 승인된 때부터 프로젝트로부터의 순현금유입액의 현재가치 누적액이 순투자지출의 현재가치 누적액과 같아질 때까지의 걸리는 시간을 말한다. 휴렛팩커드사가 고안했고, 그 이유는 기술과 제품들이 얼마나 빨리 시장에 출시되는가를 측정하고 동시에 이를 강조하기 위해 BET를 HP사의 핵심적인 제품개발기법으로 개발한 것이다.

[문14] ① 사이클타임과 속도 : 주문을 받아 생산라인을 가동하는 시점부터 완성된 제품이 나오기까지 기간을 의미하는 사이클타임은 제품 하나를 생산하는 데 걸리는 시간을 의미하고, 속도는 주어진 시간에 생산할 수 있는 단위수를 의미한다. 이는 고객요구에 대응하는 기업능력을 평가한다.

② 제조사이클 효율 : 가치사슬상의 모든 활동수행에 소요되는 총시간 중 부가가치활동에 소요되는 시간의 비율로 총제조사이클의 효율을 나타내는 측정치이다.

③ 고객대응시간 : 이는 소비자가 제품을 주문하거나 서비스를 요구한 시점부터 제품이나 서비스가 고객에게 전달되는 시점까지 소요된 시간을 말한다.

[문15] ① 소비자가 언제 제품이나 서비스를 주문할 것인가에 대한 불확실성이다. 이러한 불확실성이 높아질수록 일시에 수요가 몰려 대응시간이 길어질 수 있다.

② 제한된 용량과 병목현상이다. 병목현상은 수행되어야 할 작업이 이용가능한 생산용량에 접근하거나 초과하는 경우에 발생하는데 이 경우 대응시간은 늘어난다.

[문16] ① 주문생산의 경우 생산리드타임은 대기시간이 존재할 경우 공식을 통해 계산한 대기시간에 생산시간을 더하여 구하게 된다.

② 직관적으로 볼 때 셋업시간이 비교적 짧을 경우에는 주로 장기작업이 이루어지는 공정보다 단기작업이 많은 공정에서 평균대기시간이 짧다.

③ 평균대기시간은 유휴커패서티와 역의 관계에 있다. 즉, 유휴커패서티가 많을수록 공정이 가동되지 않을 때에 주문이 도달할 가능성이 커지기 때문이다.

④ 유휴커패서티는 기업에서 고객주문 변동충격과 불확실성을 완화하는 일종의 쿠션으로 생각한다.

[문17] 지속가능성(sustainability)은 현세대뿐만 아니라 미래세대의 삶의 질의 개선을 목적으로 '미래세대의 필요능력(need)의 희생이 없이 현세대의 필요능력을 충족시키는 발전'을 의미하며, 지속가능경영은 사회적 또는 환경적 영향을 축소하면서 동시에 기업의 이익을 극대화하기 위하여 경제, 사회 및 환경차원에 대한 측정, 모니터링 및 통제하는 경영프로세스를 말한다. 반면, 지속가능관리회계는 지속가능경영의 추진을 위하여 기업의 지속가능성과 관련된 경제, 사회 및 환경적 내부정보의 획득, 분석 및 경영진에 보고하여 내부의사결정을 지원하는 관리회계기능을 말한다.

[문18] 종전에는 연차보고서(경제성과), 환경보고서(환경성과) 및 사회공헌보고서(사회성과)를 따로 발간 및 보고하였다. 그러나 경제 및 사회의 발전과 더불어 다양한 이해관계자들의 기업의 지속가능성관련 정보에 대한 요구가 급증하고, 지속가능성의 핵심요소인 Three bottom-line인 각 관점의 성과는 다른 관점의 성과에 직, 간접적인 미치며, 최종 성과는 결국은 경제적 성과(I/S)에 반영되기 때문에 기업에서는 전략적인 차원에서 경제, 사회 및 환경적 관점(차원)의 통합적 관리(지속가능경영)의 추진이 필요하게 되었기 때문이다. 따라서 기업의 지속가능성의 추진결과를 연차보고서에 통합하여 또는 지속가능보고서를 발간하여 이해관계자에게 보고하는 기업이 증가하고 있는 추세다.

[문19] 국제적 기준은 ① GRI Guideline인 GRI 3.1 또는 GRI 4.0(2014년도부터 적용), ② ISO 26000이 있다.

지속가능성지수(sustainability index)는 ① DJSI world, ② DJSI Asia-Pacific, ③ DJSI-korea 등과 영국을 중심으로 한 FTSE4Good 지수가 있다.

[문20] ① 지속가능을 고려한 원가배분. 지속가능 환경비용이 많이 발생하는 비환경친화적 제품에는 높은 원가를 배분하고, 환경친화적 제품에는 낮은 원가를 배분하여 소비자의 윤리적 소비선택을 유도한다.

② 지속가능을 고려한 수명주기원가계산. 제품의 수명주기 전체(연구-구매-제조-판매-폐기)를 통하여 총투입 및 총산출을 파악하고, 비생산적 산출을 파악하여 정확한 지속가능비용을 확인하는 것이 필요하다.

③ 지속가능을 고려한 자본예산. 자본예산을 편성할 때 예상되는 환경비용(환경복구, 사고, 보상비용 등)이 자본예산의 평가모형에 반영되어야 정확한 자본예산의 분석 및 평가(NPV, IRR 등)가 가능하다.

[문21] ① 기존의 BSC관점 내에 사회적 및 환경적 관점을 통합한 S-BSC, ② BSC내에 지속가능관점(sustainability perspective)을 추가한 S-BSC 또는 ③ 구분된 별개의 지속가능균형성과표(S-BSC)의 개발 등의 방안이 있다.

[문22] 2013년도 지속가능보고서 발간기업은 95개 기업(한전, 삼성생명, LG화학, 대한항

공, 삼성전자, 포철, 현대자동차, KT 외)이며, 대다수의 기업은 GRI 3.0(또는 3.1)을 기준으로 지속가능보고서를 발간한 것으로 나타남.

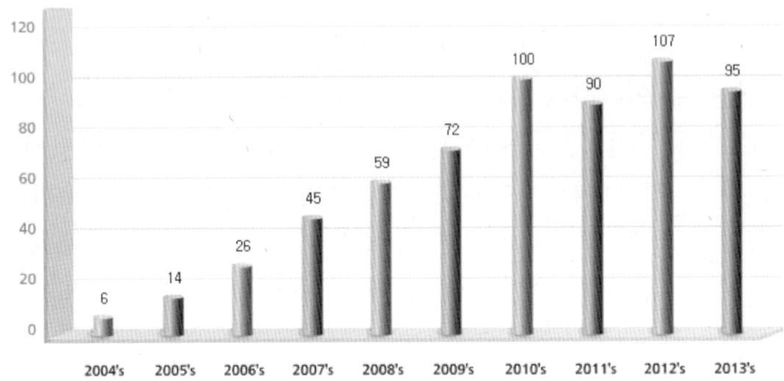

객관식

[문1] ③

손익분기시간(BET)을 계산하는 경우의 시작점은 최초 지출이 발생한 시점이 아니라 신제품아이디어를 경영자가 승인한 시점부터이다.

[문2] ③

③번은 기술적 낭비에 대한 설명이다.

[문3] ③

$$\text{제조사이클효율(MCE)} = \frac{\text{공정시간}^*}{\text{총제조사이클 시간}} = \frac{20+300+30}{400} = 0.875$$

* 공정시간은 절단, 조립, 완성작업, 포장작업 등 부가가치창출 활동시간을 말함.

[문4] ③

③번은 사회비용(societal costs)에 속한다.

[문5] ③

제품의 수명주기 전체(연구－구매－제조－판매－폐기)를 통하여 총투입 및 총산출을 파악하고, 비생산적 산출을 파악하여 정확한 지속가능비용을 확인하는 지속가능관리회계의 툴은 수명주기원가계산이다.

[문6] ①

①번은 환경성과이다. GRI guideline의 사회성과는 크게 4개의 하위 범주(category)(노동, 인권, 사회 및 제품책임)로 나누어지고, 각 범주는 다시 여러 가지의 하위-범주(sub-category)로 분류된다(GRI G3.1 indicator 참조).

[문7] ②

DJSI, DJSI Asia-Pacific 및 DJSI-Korea는 지속가능지수이다.

참고로 지속가능보고서 작성시 활용할 수 있는 기준은 ISO 26000 등이 있다.

주관식

[문1] 미활용 커패서티의 식별 및 관리

1. 2018년도 완성된 소프트웨어 수량을 기초로 2018년초의 미활용 커패서티의 금액과 원가는 다음과 같다.

	미활용 커패서티	미활용 커패서티 원가
소프트웨어 개발지원	20(=90−70)	₩82,000(=20×₩4,100)
소프트웨어 개발	재량원가이므로 미활용 커패서티를 결정할 수 없음*	재량원가이므로 계산할 수 없음*

* 인과관계의 부재로 재량원가에 대한 미활용 커패서티의 식별이 어렵다.

2. 홍익디지컴은 소프트웨어 개발지원 커패서티를 90단위에서 75(=90−15)단위로 절감할 수 있다. 이 경우 절감액은 15×₩4,100=₩61,500이다. 이는 홍익디지컴이 2003년도에 다운사이징을 통해 절감할 수 있는 최대금액이다. 더 이상의 커패서티 절감은 불가능하다. 왜냐하면 15단위를 더 줄여서 60단위가 되면 2003년도에 완성할 70단위의 작업에 필요한 충분한 커패서티를 확보할 수 없기 때문이다.

3. 홍익디지컴은 판매수요 증가가 커패서티의 활용도를 높일 것으로 예상하기 때문에 다운사이징을 하지 않을 것이다. 다른 이유로는 다운사이징이 커패서티의 상당한 감소를 요구하기 때문이다. 예를 들어, 홍익디지컴이 15단위 대신 5단위씩 조절할 수 있을 경우에는 추가적인 소프트웨어 개발지원 커패서티를 다운사이즈할 수 있다. 직원을 해고하지 않는 것이 직원의 사기와 동기부여 및 생산성에도 기여할 것이다.

[문2] 공학적 원가, 재량적 간접원가, 미활용 커패서티, 수선 및 유지

1. 마포공업사의 수선 및 유지원가는 간접 확정원가(즉, 재량적 원가)이다. 따라서 각 연도에 발생하는 수선 및 유지원가는 기어 생산량에 직접적인 관련성은 없다. 그러나 장기간에 걸쳐 기어 생산량과 수선 및 유지원가간의 명확한 인과관계가 성립할 수 있다. 그렇게 되면 기어 생산량이 증가할수록 회계기계의 가동시간은 증가하며, 회전기계의 수선 및 유지는 더욱 많이 필요하게 된다.

2.

a. 이용가능한 수선 및 유지 커패서티	
8시간/일×250일×4명	8,000 시간
b. 실제 수행된 수선 및 유지작업시간	6,000 시간
c=a−b, 미활용 수선 및 유지 커패서티	2,000 시간
d. 시간당 수선 및 유지 원가, ₩40,000÷2,000	₩20 /시간
e=c×d, 미활용 수선 및 유지 커패서티원가	₩40,000

가. 마포공업사가 수선 및 유지 커패서티를 감축하는 이유

- 미활용 커패서티를 운영하는 원가의 절감
- 공정의 유연화(streamlining), 효율적인 운영 문화 창출

나. 마포공업사가 수선 및 유지 커패서티를 감축하지 않는 이유
- 가까운 장래에 수선 및 유지활동의 수요가 증가할 것이라는 예상
- 종업원 사기에 부정적 영향을 미치는 것에 대한 우려
- 수선 및 유지요원의 전문성을 공정개선 같은 다른 업무에 활용
- 미활용 커패서티를 그렇게 과다하다고 생각하지 않음

3. 만약 수선 및 유지원가를 재량원가로 간주한다면 미활용 커패서티의 계산은 매우 어려운 문제가 된다. 수선 및 유지활동이 경영자가 시기를 선택할 수 있는 예방적 유형의 활용이라면 재량원가로 구분할 수 있다. 이 경우, 산출량과 수선 및 유지활동간의 인과관계 부족은 마포공업사가 수선 및 유지활동에 소요한 자원을 결정할 수 없기 때문에 미활용 커패서티의 금액도 결정할 수 없다.

[문3] 공학적 원가, 재량적 간접원가, 미활용 커패서티, 고객지원데스크

1. 심도 케이블TV의 고객지원데스크 원가는 간접, 공학적 원가이다. 장기적으로는 가입자수와 필요 고객지원데스크 요원 및 고객지원데스크 원가간의 명확한 인과관계가 성립한다. 즉, 많은 가정에게 케이블 서비스를 제공할수록 기대되는 고객서비스 전화가 증가할 것이며 고객지원데스크 요원의 수도 많이 필요하게 된다.

2. 고객지원데스크 원가를 공학적 원가로 가정하면

a. 이용가능한 고객지원데스크 커패서티	
1일당 8시간 × 250일 × 5일	10,000 시간
b. 실제 사용한 고객지원데스크 서비스	
45,000전화량 × 전화당 1/6시간	7,500 시간
c = a − b, 고객지원데스크 미활용 커패서티	2,500 시간
d. 시간당 원가, ₩36,000 ÷ 2,000시간	₩18 /시간
e = c × d, 2018년 고객지원데스크 미활용 커패서티원가	₩45,000

- 고객지원데스크 원가를 재량원가로 가정하는 경우에는 2018년의 미활용 커패서티의 원가는 결정될 수 없다. 서비스대상 가정수와 고객서비스전과간의 인과관계의 부재로 인해 심도 케이블TV는 고객지원데스크의 자원사용정도를 결정할 수 없고 미활용 커패서티의 정도도 결정할 수 없다.

3. 2018년도의 총가입자당 서비스전화비율은 6%(=45,000/750,000)이다. 이 비율을 2019년도에 적용하면 2019년도에 심도 케이블TV가 받은 고객서비스전화는 54,000건이다.
- 고객지원데스크 원가를 공학적 원가로 가정하면

a. 이용가능한 고객지원데스크 커패서티	10,000 시간
b. 실제 사용한 고객지원데스크 서비스	
54,000건 × 건당 1/6시간	9,000 시간
c=a−b, 고객지원데스크 미활용 커패서티	1,000 시간
d. 시간당 원가	₩18 /시간
e=c × d, 2019년 고객지원데스크 미활용 커패서티원가	₩18,000

– 고객지원데스크 원가를 재량원가로 가정하면 2019년의 미활용 커패서티의 원가는 결정될 수 없다. 서비스대상 가정수와 고객서비스전과간의 인과관계의 부재로 인해 심도 케이블TV는 고객지원데스크의 자원사용 정도를 결정할 수 없고 미활용 커패서티의 정도도 결정할 수 없다.

[문4] 손익분기시간(BET)

1. BET를 계산하기 위한 관련 현금유출액과 현금유입액은 다음과 같다.

연 도	연구개발· 제품설계투자	제품관련 현금유입	제품관련 현금유출	제품관련 순현금유입
2018	₩(30)			
2019	(65)			
2020	(55)			
2021		₩80	₩(87)	₩(7)
2022		760	(515)	245
2023		540	(380)	160
2024		160	(125)	35

손익분기시간은 경영진이 프로젝트를 승인한 시점 2017년도말로부터 계산되어야 한다.

연도	PV요소 (12%)	투자현금 유출	투자현금 유출의 PV*	투자현금 유출의 누적PV*	제품관련 현금유입	제품관련 현금유입의 PV*	제품관련 현금유입의 누적PV*
2017	1.000						
2018	0.893	₩(30)	₩(26.790)	₩(26.790)			
2019	0.797	(65)	(51.805)	(78.595)			
2020	0.712	(55)	(39.160)	(117.755)			
2021	0.636				₩(7)	₩(4.452)	₩(4.452)
2022	0.567				245	138.915	134.463
2023	0.507				160	81.120	215.583
2024	0.452				35	15.820	231.403

* 2017년도말의 시점으로 계산

홍익자동차는 2021년 12월 31일까지는 투자액(₩117.755)을 전혀 회수하지 못하고 있다가 2022년 12월 31일에 이를 전부 회수한다. 2022년도에 현금유입액의 현재가치가 ₩138.915이므로 손익분기시간은 4.88년이다.

$$4년(2020.12.31까지) + \frac{(₩4.452 + ₩117.755)}{₩138.915} = 4.88년$$

손익분기를 이루기 위해서는 투자관련 현금유출액은 ₩117.755뿐만 아니라 2021년에 발생한 ₩4.452의 제품관련 현금유출 현재가치액도 회수해야 함을 주목하라.

2. 홍익자동차가 손익분기시간을 감축할 수 있는 방법은 다음과 같다.
   (1) 프로젝트의 실행을 경영자의 승인시점 후로 지연시키지 말고 그 이전에 실행시켜야 한다.
   (2) 설계단계에서 프로젝트의 모든 면을 종합적으로 고려할 수 있는 팀을 구성하여 보다 효율적인 실행을 함으로써 투자액의 현금유출을 절감한다.
   (3) 고객의 니즈를 정확히 파악, 이를 만족시키는 제품의 설계, 제조, 마케팅을 통해 제품관련 순현금흐름을 증가시킨다.
   (4) 신제품개발안이 예상된 시기와 예산내의 금액으로 달성되도록 프로젝트 관리에 주의를 해야 한다.

[문5] 대기시간

$$평균대기시간 = \frac{평균고객수 \times 고객서비스시간^2}{2 \times [이용가능한\ 가동능력 - (평균고객수 \times 고객서비스시간)]}$$

1. $\frac{40 \times 5^2}{2 \times [300 - (40 \times 5)]} = \frac{1,000}{200} = 5분$

2. $\frac{50 \times 5^2}{2 \times [300 - (50 \times 5)]} = \frac{1,250}{100} = 12.5분$

3. $\frac{50 \times 4^2}{2 \times [300 - (50 \times 4)]} = \frac{800}{200} = 4분$

저자소개

신홍철(申洪哲, Hong-Chul Shin)
shinhc53@gmail.com

[학력]
서울대학교 경영학과, 동 대학원 회계학 전공, 미국 텍사스주립대학교(The University of Texas, at Austin) (회계학박사 : 관리회계전공)

[경력]
(주)유공 및 (주)선경 근무
미국 텍사스주립대학교 및 하와이대학교 교환교수
홍익대학교 경영대학원 및 세무대학원 원장
행정고시 및 공인회계사 시험 출제위원
홍익대학교 경영학과 교수
BSC 연구회 회장(2000년 이후~현재)

[주요 저서 및 역서]
- 관리회계의 혁신－성공기업을 위한 전략적 관리회계의 실행(경문사, 1993)
- (전략적 관점을 강조한) 관리회계(경문사, 2001)
- 지금 당장 회계공부 시작하라(공저)(한빛비즈, 2012)
- IFRS 회계학원론(공저)(도서출판 청람, 2013)
- 新원가회계(공저)(경문사, 2013) 등 총22권의 저역서

이주원(李周媛, Ju-Won Lee)
87jwlee@hanmail.net

[학력]
이화여자대학교 법정대학, 이화여자대학교 일반대학원 경영학 석사, 박사

[경력]
백석문화대학 교수, 현 백석예술대학 교수

[주요 논문]
- 국내기업의 ABC(Activity Based Costing) 실행과 활용수준에 미치는 영향요인에 관한 연구(2004)
- 영업관리부문에서의 ABC도입 사례연구(2005)
- BSC의 효과에 관한 연구 : 커뮤니케이션, 역할갈등, 보상시스템을 중심으로(2007)
- 농림부의 통합성과 관리시스템에 관한 사례연구(2008)
- 한국조폐공사 BSC 성과관리시스템의 운영이 조직유효성에 미치는 영향(2010) 등 다수
- 新원가회계(공저)(경문사, 2013)

강대준(Dae-Jun Kang)
djkangCPA@gmail.com

[학력]
홍익대학교 경영학부, 성균관대학교 경영전문대학원(석사과정, 회계전공)

[경력]
공인회계사, 세무사
삼일회계법인 근무(회계감사, 경영컨설팅)
인사이트파트너스 대표이사
대우조선해양 공과대학 경영학 겸임교수
삼성그룹, 현대자동차그룹, 현대중공업그룹, 두산그룹, 한화그룹, LG전자 등 기업 원가분석 과정 강의
국가공인 재경관리사 시험 출제위원

[주요 저서]
- 게임으로 배우는 원가마인드(삼일회계법인, 2007)
- 지금 당장 회계공부 시작하라(공저)(한빛비즈, 2012)
- 재경관리사 원가관리회계(공저)(삼일인포마인, 2012)
- IFRS회계학원론 스터디가이드(공저)(청람, 2013)
- 新원가회계(공저)(경문사, 2013)

新관리회계 2판 해답집

저 자 신홍철 · 이주원 · 강대준
발행자 한헌주
발행처 도서출판 **경문사**
서울특별시 서대문구 독립문로 21-9
전화 738-7035 FAX. 722-4678
E-mail : kmsp@korea.com
홈페이지 : http://www.kmsp.co.kr
등 록 1995년 11월 9일 제300-1995-138호

2014년 3월 15일 초판발행
2019년 2월 28일 2 판발행

정가 6,000원

ISBN 978 89-420-0900-8 93320